Guia de **Negociação para Mulheres**

Leslie Whitaker
& Elizabeth Austin

Guia de **Negociação para Mulheres**

Como conseguir
o que se quer
com inteligência e
sem perder o charme

SEXTANTE

Título da edição original em inglês: *The Good Girl's Guide to Negotiating*

TRADUÇÃO
Beatriz Sidou

PREPARO DE ORIGINAIS
Virginie Leite

REVISÃO
José Tedin
Sérgio Bellinello Soares

CAPA E ILUSTRAÇÃO
Silvana Mattievich

EDITORAÇÃO ELETRÔNICA
Marcia Raed

FOTOLITOS
Mergulhar Serviços Editoriais Ltda.

IMPRESSÃO E ACABAMENTO
Lis Gráfica e Editora Ltda.

Miolo impresso em Chamois Fine Dunas 80g/m²

CIP-BRASIL. CATALOGAÇÃO-NA-FONTE
SINDICATO NACIONAL DOS EDITORES DE LIVROS, RJ.

W582g Guia de negociação para mulheres
/ Leslie Whitaker e Elizabeth Austin,
tradução de Beatriz Sidou.
– Rio de Janeiro : Sextante, 2002

Tradução de: The good girl's guide to negotiating
ISBN 85-7542-019-4

1. Mulheres – Psicologia. 2. Negociação.
I. Austin, Elizabeth, 1958 –. II. Título

02-0720. CDD 302.3082
CDU 316.64

Editora Sextante (GMT Editores Ltda.)
Av. Nilo Peçanha, 155 – Gr. 301 – Centro
20020-100 – Rio de Janeiro – RJ
Tel.: (21) 2524-6760 – Fax: (21) 2524-6755
Central de Atendimento: 0800-22-6306
E-mail: atendimento@esextante.com.br
www.esextante.com.br

Sumário

INTRODUÇÃO

Escrevi um livro que entrou para a lista dos mais vendidos do *New York Times*.

Recebi apenas doze mil e quatrocentos dólares por ele.

Não deixe isso acontecer com você.

Hoje, estou certa de que não há nada como um mau negócio para nos ensinar a fazer melhor da próxima vez. Depois daquele acordo horroroso, aprendi lições valiosas sobre negociação. Por isso, resolvi compartilhar minhas experiências com outras mulheres que correm o risco de repetir alguns dos erros que eu cometi.

Você é mal paga pelo trabalho que faz? Paga demais aos outros? Não se sente bem quando sai para comprar um carro ou um apartamento novo? É você quem recolhe as roupas sujas da família espalhadas pela casa?

Se respondeu sim a qualquer uma das perguntas acima, você está em boa companhia. Milhões de mulheres maravilhosas, inteligentes, competentes no trabalho e na administração da casa são péssimas na hora de fechar um acordo. Em parte, porque ficamos desconfortáveis com o processo de negociação e tentamos evitá-lo de todas as maneiras. Fomos educadas para nos tornarmos "boazinhas" e não conseguimos deixar de ser assim, mesmo quando estamos correndo o risco de ir para o buraco por causa de um mau negócio. Este livro é para todas as mulheres que algum dia se deram mal porque foram boazinhas ou ingênuas demais para negociar bem seus interesses.

Se você está atrás de uma prova de que qualquer mulher pode melhorar sua capacidade de negociação (sem fazer um transplante total de personalidade ou uma cirurgia de mudança de sexo), nem precisa procurar mais. Neste livro, minha amiga Beth e eu mostraremos como as mulheres podem se tornar boas negociadoras.

Nós duas resolvemos aprender a negociar depois de uma conversa sobre os "fabulosos" acordos que tínhamos fechado nos últimos tempos. Percebemos que poderíamos prestar um grande serviço a nós mesmas e a milhões de mulheres descobrindo como fazer uma negociação competente.

No começo, chegamos a pensar que era inútil: só os machões implacáveis tinham chances de sucesso nesse campo. Mas, depois de pesquisar, percebemos que existem muitos estilos de negociação que dão certo para "boazinhas" como nós. Há legiões de mulheres (e homens) admiráveis que levam suas causas e suas carreiras adiante buscando fazer acordos vantajosos para as duas partes envolvidas.

Hoje, eu e Beth já fizemos bom uso do que aprendemos na hora de comprar nossas casas e fechar contratos de livros. Por isso, não desista só porque você não foi educada para ser durona. Como aconteceu conosco, você pode aprender a fazer negócios melhores e continuar se sentindo bem.

CAPÍTULO I

NÓS SOMOS BOAZINHAS

A designer de interiores Alexandra Hampton aprendeu o que sabe com um mestre: seu pai. Quando a filha ainda era adolescente, o lendário designer Mark Hampton começou a levá-la ao seu estúdio na Madison Avenue, em Nova York. Ali, ela via o pai, com sua famosa elegância, deslumbrar clientes milionários, como o ex-Presidente George Bush. Ter sido apresentada cedo ao alto mundo do design de interiores a deixou em boa posição quando seu pai morreu de câncer, em 1998.

Aos vinte e sete anos, Alexandra herdara o gosto e o estilo impecáveis de que precisava para assumir a diretoria executiva da empresa da família. No entanto, quando chegou o momento de falar sobre dinheiro com seus clientes, a jovem designer percebeu que também havia herdado uma maldição: a crônica hesitação do pai para tratar de questões financeiras. "Meu pai não gostava de tratar de dinheiro. Achava estranho e sentia-se constrangido. Jamais discutia a conta com um cliente!"

Alexa percebeu que tinha um sério problema pela frente: como corresponder às expectativas de champanhe francês dos clientes com orçamento de vinho nacional? Se não encontrasse uma solução, ela teria de apertar seus subempreiteiros e cortar seus próprios rendimentos. Por si mesma e por seus empregados, ela precisava fazer negócios melhores. Foi assim que aprendeu a lidar com novos-ricos, que não piscam ao desembolsar quarenta mil dólares por uma refinada escrivaninha antiga inglesa, mas relutam em pagar ao mestre artesão que irá colocar um acabamento de couro falso nas paredes de seus escritórios. "Deixo muito claro que não dirijo uma oficina de fundo de quintal", diz Alexa. "É um jogo de equilíbrio, aprendi a jogar melhor."

Aprendeu também a não hesitar em cobrar um preço alto por seu trabalho. Antes de enviar sua proposta pelo correio, ela visita os clientes. "Peço para eles me darem uma resposta quando estamos frente a frente", conta ela. "Mandar uma carta funcionaria como um escudo para mim, mas sei que corro menos risco de ser enrolada conversando diretamente com os clientes."

Alexandra sempre tem opções de móveis e tecidos mais econômicos, mas não reduz seus honorários diante de reclamações de que seu preço é alto demais. "Digo ao cliente que compreendo seu ponto de vista e mostro os inúmeros serviços incluídos no orçamento. Eles não se ofendem. Não sou um pitbull."

Ao enfrentar a situação, Alexa adquire liberdade para criar a decoração que sua clientela adora. As mulheres que se apavoram com a simples idéia de ter de negociar deveriam se alegrar com o sucesso prematuro de Alexa. Ele mostra que todas nós podemos – e *devemos* – aprender essa arte.

Negociar é o que você tem de fazer quando não consegue obter o que quer pedindo a seu pai ou a Papai Noel. Todo mundo precisa comprar, vender, trocar, fazer acordos e encontrar soluções conciliatórias diariamente. Seja por telefone, por e-mail, em reuniões no escritório, em comemorações de família, na mesa de jantar, na sala de exposições e até dentro do quarto. "Todo mundo tem de aprender a negociar", insiste a professora de Harvard Rosabeth Moss Kanter. E acrescenta: "Com tantos trabalhadores autônomos tendo de discutir suas condições de emprego, não vejo como alguém que não sabe negociar pode sobreviver."

Em família, até questões triviais, como o cineminha no sábado à noite, devem ser negociadas. O mundo está cheio de mulheres que passaram anos remoendo um ressentimento por terem sido arrastadas para ver todas aquelas seqüências de *Rocky*. E onde estavam os companheiros quando elas queriam assistir a *O Paciente Inglês?* Esses problemas aparentemente insignificantes, pelos quais você acha que não vale a pena lutar (ou negociar), podem envenenar os relacionamentos.

Sejamos francas: nem toda negociação termina como um conto de fadas. As portas podem continuar batendo na sua cara. No entanto, se aprender a negociar, você descobrirá novas maneiras de mudar o rumo ou a qualidade de sua vida. Essa habilidade poderá ajudá-la a discutir sua promoção, a resolver o dilema anual do "almoço de Ano Novo na casa de quem?" e a levantar fundos para a creche do bairro.

O número de mulheres negociadoras está crescendo cada vez mais. A boa notícia é que elas não nasceram com um dom especial, desenvolveram sua capacidade de argumentação com o estudo e a prática. A má notícia é que a maioria das mulheres continua levando seu jeito de boa moça para a mesa de negociação, entregando espontânea e delicadamente muito mais do que algum dia receberá de volta. "Muitas mulheres confundem firmeza com agressividade. Pensam que pedir uma coisa significa aproveitar-se dos outros. Ora, elas não sabem dos seus direitos, por isso não pedem", diz Bernice Sandler, da Associação Nacional para Educação de Mulheres.

É ainda mais desanimador ver mulheres que aprenderam a negociar no trabalho entregarem os pontos no front doméstico. "Jamais comprei um carro", confessa Gun Denhart, co-fundadora da Hanna Anderson, empresa que vende roupas pelo correio. "Mando meu marido ou meu filho. É fácil se aproveitarem de mim. Os vendedores falam sem parar, e eu me sinto meio burra."

Como as Boazinhas se Dão Mal

Se você espera perder, inevitavelmente terminará com a metade mais curta do palito na mão. Historicamente, isso quer dizer que a maioria das mulheres está quase predestinada a fazer péssimos negócios. Continuamos recebendo menos do que os homens. De acordo com os dados da Pesquisa Nacional por Amostra de Domicílios do IBGE (Instituto Brasileiro de Geografia e Estatística), em 1999, a remuneração média de trabalho da mulher brasileira representava 69,1 por cento da recebida pelos homens. Um estudo realizado no mesmo ano pelo Centro de Estatísticas do Trabalho, nos Estados Unidos, mostrou que lá a mulher ganha 76 centavos para cada dólar embolsado pelo homem. Nos cargos de gerência, a lacuna entre americanos e americanas é ainda maior: 68 centavos nas lindas carteirinhas femininas para cada dólar nas carteiras de couro deles.

Muitas executivas que recebem salários abaixo do merecido são tolhidas pelas mesmas apreensões de suas secretárias: "Estarei arriscando meu posto, se insistir em pedir demais?" Quando uma mulher consegue um emprego importante, é sintomático que pense: "Não force a barra."

Rosemarie Greco, a mulher que ocupou o posto mais elevado no setor bancário norte-americano até pedir demissão de uma grande corporação financeira, confessa que precisou de anos para aprender a negociar a seu favor: "Depois da minha primeira promoção, foi ótimo eu jamais ter especificado uma importância em dinheiro, porque provavelmente eu teria pedido bem menos do que obtive."

Não só ganhamos menos, como também pagamos mais do que deveríamos pelas boas coisas da vida. Um estudo feito na região de Chicago mostrou que os revendedores de carro ofereciam preços melhores para homens brancos do que para mulheres brancas e para negros em geral. As mulheres negras tinham uma dupla desvantagem, pagando três vezes mais do que os homens brancos. Para Ian Ayres, que dirigiu o estudo, isso significa que os vendedores de carros consideram a clientela feminina "trouxa".

Pois é, as "trouxas" terminam só com o pauzinho do pirulito, o que é assustador porque as mulheres participam cada vez mais de negociações. Neste novo século, as mulheres podem mudar de emprego – e até de carreira – diversas vezes na vida. E muitas farão isso sem um homem para segurar sua mão ou cuidar da sua retaguarda. Se pretendemos sobreviver, temos de aprender a negociar e depois ensinar nossas filhas e até nossas mães.

É fácil pressupor que a boa negociação requer uma boa dose de hormônio masculino. Mentira! Depois de anos de estudo, a maioria dos cientistas concluiu que as mulheres são iguais aos homens na habilidade verbal, na competência matemática, no raciocínio e na capacidade de liderança: todos os atributos necessários para a boa negociação. Por que, então, tantas mulheres fraquejam na hora de fechar um acordo?

Um provável culpado é o condicionamento social: aquele "seja uma menina boazinha" que ouvimos desde que as enfermeiras da sala de parto amarram em nossos pulsos aquelas fitinhas cor-de-rosa. Em geral, as meninas são recompensadas por suas habilidades sociais. Somos aplaudidas quando compartilhamos nossos brinquedos ou quando ajudamos a mamãe na cozinha. Somos condicionadas a dar, não estamos acostumadas a pedir nada.

"É compreensível que as mulheres não se sintam à vontade na negociação", diz Carol Watson, professora de Administração e Comportamento Organizacional. "Tendemos a pensar na negociação como uma situação competitiva, em que vencer não é algo que se espere de uma mulher." É uma situação complicada. Deveríamos ser duras como os homens e fazer todos nos odiarem ou ser boazinhas e deixar todo mundo pisar em cima de nós?

Psicólogas feministas argumentam que a mulher se sente pressionada a ser amistosa, chegando ao ponto de sacrificar quase tudo – especialmente suas próprias necessidades – para obter a aprovação dos outros. "Muitas mulheres têm a 'doença da empatia'. Ou seja, sabem mais sobre os sentimentos dos outros do que sobre os delas mesmas", diz a psicóloga Mary Pipher no livro *O Resgate de Ofélia.*

As meninas começam a ser pressionadas a calar a boca na escola maternal. Em um estudo realizado em cinco turmas de pré-escola, a socióloga Karin Martin descobriu que as meninas, em geral, falavam menos do que os meninos. Mesmo assim, as professoras pediam a elas, cerca de três vezes mais do que aos meninos, que usassem um tom de voz "mais delicado". A discrepância se tornava mais clara quando havia uma briga: as professoras desestimulavam os gritos das meninas, mas não os dos meninos. Ao abafar a auto-expressão das garotas, as professoras estavam lhes dizendo que suas vozes não deveriam ser usadas para discutir, conclui Martin.

Para muitas mulheres, falar suavemente torna-se rotina. Chegamos à idade adulta cercadas de visões de santas donas-de-casa que se auto-sacrificam pela família. Os filmes estão sempre mostrando o conflito entre a fria mulher de negócios e a mãe calorosa... E adivinhe por quem sempre torcemos?

Negociação no Estilo Ofélia

Pouquíssimas mulheres são abençoadas com um talento especial para a negociação. Em geral, aprendemos a negociar com as mesmas mulheres que nos ensinaram a sentar e calar a boca. Não é de se espantar que nosso impulso seja ceder cada vez que somos pressionadas por corretores imobiliários ou vendedores de carros. Queremos desesperadamente que todos gostem de nós e pagaremos qualquer coisa por isso. "Em toda a minha vida comprei um total de cinco carros, de cinco vendedores diferentes. E nunca mais encontrei nenhum deles. Então, por que diabos eu me preocupava com o que eles pensavam a meu respeito?", espanta-se Beth.

Como somos negociadoras lastimáveis, em geral, aceitamos a primeira oferta só para evitar toda aquela provação. Depois, a "mocinha boazinha" que existe em nós se justifica tentando remendar a auto-estima que vai afundando. A filha de uma grande amiga estava tentando entrar no mercado de trabalho. Finalmente, a garota conseguiu a oportunidade de um emprego promissor. Na primeira entrevista, disseram-lhe que a faixa salarial era de vinte e dois a vinte e oito mil dólares por ano. Quando foi aprovada, ofereceram-lhe um salário inicial de vinte e quatro mil dólares. A mãe aconselhou que ela aceitasse imediatamente, sem uma contraproposta, baseada no seguinte raciocínio: "Assim, ela terá espaço para crescer."

Um bom conselho materno? Pense comigo: se ela tivesse conseguido vinte e seis mil e quinhentos dólares e obtivesse quinhentos de aumento ao ano, atingiria o salário máximo em quatro anos. Em cinco anos, seus ganhos seriam de cento e trinta e sete mil dólares. No entanto, aceitando a primeira oferta, ainda que obtivesse mil dólares de aumento por ano, só chegaria a cento e trinta mil dólares no mesmo período. Portanto, o bem-intencionado conselho da mamãe para ficar quieta custou à filha uns sete mil dólares – o preço de um carro usado em muito bom estado.

Ao evitar a negociação e procurar manter a paz a qualquer preço, a mulher menospreza sua capacidade e nega seu desejo. Qual o resultado de toda essa formação de mocinha exemplar? Quando chegamos à idade adulta e precisamos fechar um acordo, temos uma auto-avaliação que conspira contra nós:

- Eu realmente não mereço muito.
- Eu não quero ser manipuladora.
- Eu não quero me gabar.
- É só dinheiro.
- Vão pensar que sou gananciosa.

Se você prestar atenção às suas vozes interiores quando se aproximar a hora de uma negociação, é bem provável que ouça uma ou mais dessas mensagens negativas minando sua capacidade de se defender. Sei disso por causa de uma amarga experiência pessoal. Quando eu me preparava para assinar o contrato do livro das velhinhas de Beardstown, minhas vozes estavam todas trabalhando contra mim. "Você não merece muito", diziam. "Você nunca escreveu um livro e tem sorte porque eles pensaram em você." Quando o editor disse: "Este livro tem chance de se tornar um best-seller", minhas vozes interiores deram gargalhadas: "Leslie? Escrevendo um best-seller? Rá-rá-rá! Pegue a grana e dê no pé!" Quando ele me ofereceu um bônus de dois mil dólares se o livro entrasse na lista dos mais vendidos do *New York Times*, quase dei gargalhadas também. Mais tarde, disse ao meu marido que devia ter pedido outro bônus se o livro ganhasse o Prêmio Nobel. Tudo parecia engraçadíssimo até a previsão do editor se tornar realidade.

(Uns dois anos depois que o livro foi publicado, os cálculos dos lucros das ações das velhinhas foram publicamente contestados, para minha grande tristeza, embora meu compromisso como *ghost-writer* não envolvesse a auditoria dos números. Até hoje lamento que as minhas vozes interiores não tenham me dado algum conselho prático, do tipo: "Ligue para um agente literário antes de assinar qualquer coisa, sua boba.")

Será uma Questão de Gênero?

Quando ofereceu mais do que o necessário por sua primeira casa, Beth foi impelida pelo coração mole e não por sua cabeça dura. Ela ficou encantada com o sonho de se sentar na cadeira da varanda de mãos dadas com o marido, enquanto as crianças brincavam no jardim. Quando se deu conta de que a casa não valia o preço que havia concordado em pagar, ela nem pensou em desistir ou em renegociar com os vendedores. Convenceu o marido a fazer um empréstimo para completar a diferença. O que são alguns milhares de dólares comparados com aquela visão idílica da varanda? Afinal de contas, "É só dinheiro!". Beth aprendeu da pior maneira. Quando a casa precisou de enormes consertos, seu valor não serviu de garantia para um empréstimo de reforma.

Danuza Leão, ex-colunista social do *Jornal do Brasil* e atual cronista da *Folha de São Paulo*, diz que seu problema é não saber esconder o interesse por seu objeto de desejo. "Sou ansiosa. Morro de medo de perder o que quero. Na hora, nem me importo com o preço", conta. Danuza se deixa mesmo levar pela emoção. No final do ano passado, ela decidiu se mudar de apartamento. Começou seguindo a cartilha da boa negociação. Primeiro, fez uma pesquisa de mercado, visitou cerca de quinze imóveis, apurou os preços.

Tudo corria bem até que bateu os olhos num amplo dois-quartos de frente para a Baía de Guanabara, no Rio de Janeiro. Caiu de amores pela arquitetura do prédio, dos anos 30. Na sua cabeça, começou a martelar aquele "quero porque quero". Conseguiu conter-se e fez uma contraproposta para a proprietária. Surpresa: obteve uma redução no preço de 15 por cento.

Satisfeita, chamou um advogado para analisar a papelada. Ele descobriu que a dona teria de atualizar toda a documentação. Uma operação complicada porque ela havia herdado o apartamento, depois casado, descasado, casado de novo... Xiii! "Problemas à vista", alertou o advogado. Danuza resolveu dar o sinal assim mesmo e começou a reformar o imóvel antes de regularizar a situação. "Achei que a proprietária era honesta e acreditei nela. Mas fui considerada uma alucinada pelo meu advogado", diverte-se. Por sorte, deu tudo certo – embora ela tenha esperado cinco meses para assinar a escritura. Mas o final podia ter sido outro...

Uma coisa está muito clara: todas as pesquisas mostram que não é preciso ser homem – ou machão – para se dar bem em uma negociação. Não estamos aqui para dizer como você deve se "consertar" com meia dúzia de injeções de atitudes machistas. Ao contrário, desejamos remodelar as idéias do que realmente é uma boa negociação. Deixe aquelas vozes de lado e pense: a negociação não é uma competição do tipo ou ganha ou perde. É uma reunião de duas ou mais pessoas para resolver um problema comum, de forma que as partes obtenham o que necessitam e todos saiam satisfeitos. Esse, sim, é o tipo de coisa que nós, boazinhas, sabemos perfeitamente fazer.

Está na hora de chamar seu caminhão de mudanças mental e mandar levar embora aquela visão agressiva da mesa de negociações. Imagine sentar-se diante de uma simpática mesinha baixa e redonda, numa cadeira macia, ao lado da pessoa com quem você está negociando. Imagine vocês ali, muito contentes, trocando idéias, propondo soluções e chegando a acordos entre xícaras de cafezinho.

Enquanto a Mesa Redonda Não Chega

Por azar, no tempo que leva para sua loja de móveis imaginária entregar sua linda mesa redonda, você talvez tenha de negociar com um cliente insatisfeito, com um marido que deseja levantar vôo para um congresso em algum lugar ensolarado e com a babá que acaba de anunciar que trabalhará menos horas para ingressar em um curso supletivo. Então... o que você pode fazer para conseguir o que precisa das pessoas que têm maior influência na sua vida?

Seria maravilhoso se existisse um programa bem objetivo para transformá-la em um gênio da negociação da noite para o dia. Infelizmente não existe algo assim, mas algumas dicas podem ajudá-la a identificar o que você está fazendo para prejudicar sua própria posição no negócio. Bom, sente-se e responda (sinceramente) às seguintes perguntas:

Você valoriza menos o seu trabalho do que seus colegas do sexo masculino valorizam o deles?

"Eu costumava cortar os meus honorários como uma doida", admite Melinda Brody, instrutora de vendas. "Era muito insegura. Se os organizadores de uma conferência diziam que não tinham dinheiro, eu respondia imediatamente 'tá bem' e abaixava minha remuneração. Queria que eles me achassem legal."

Pode parecer burrice, mas não seja muito dura com a coitada da Melinda. No anos 80, Brenda Major, professora de Psicologia, reuniu uma série de estudos destinados a comparar o valor que homens e mulheres atribuem a seu trabalho. Ela pediu a um grupo de estudantes de primeiro ano para fazer um trabalhinho insignificante e cansativo, como contar os pontos numa página. Depois pediu que atribuíssem um preço ao seu trabalho. Descobriu que as estudantes do sexo feminino trabalhavam por mais tempo, cometiam menos erros e, invariavelmente, cobravam menos do que os colegas do sexo masculino. Quando contaram aos alunos que suas "exigências salariais" estavam sendo examinadas por observadores de fora, os valores requeridos pelas mulheres desceram ainda mais. É triste, mas esse abismo salarial auto-imposto continua em vigência, pois pesquisadores de grandes universidades do Canadá e dos Estados Unidos realizaram experimentos semelhantes há pouco tempo e obtiveram os mesmos resultados. (Apesar disso, há um raio de esperança: quando contavam para as mulheres quanto os homens estavam cobrando, elas aumentavam seus honorários.)

Melinda, a instrutora de vendas, é mãe solteira de uma menina de onze anos. Mesmo assim, passou oito anos reduzindo seu preço quando os clientes choramingavam. Há três anos, participou de um workshop que mudou sua vida. O tema era: agarre-se aos honorários pedidos, doe seus serviços ou vá embora. Desde então, ela não aceita mais abaixar sua remuneração: "Prefiro ir embora a receber um pagamento aviltante."

Para ter certeza de que seu cachê está dentro do valor de mercado, Melinda acompanha os preços cobrados por seus dez rivais mais importantes (inclusive duas mulheres) e se coloca dentro de uma certa hierarquia. Atualmente ela é a número dois.

Você subestima sua capacidade de negociação?

Não tenha dúvida: você pode estar sendo melhor negociadora do que pensa. A professora Carol Watson diz que algumas administradoras fizeram observações bem mais depreciativas sobre sua capacidade para negociar do que seus colegas do sexo masculino, mesmo quando usavam métodos semelhantes e obtinham resultados iguais. Gun Denhart diz que evitava negociar com os fornecedores de sua empresa. Como seu modelo de negociação era masculino, ela se considerava péssima, até perceber que sua personalidade aberta e franca poderia funcionar a seu favor. "Descobri que sou direta e sincera, não tenho medo de dizer quais são as minhas necessidades. Também procuro encontrar os pontos em comum com a pessoa com quem estou negociando."

Susan George, administradora, diz que teve uma experiência parecida: "Comecei como analista financeira, não participava das negociações. No saguão, ouvia as pessoas se gabando de seus grandes negócios e pensava que teria de ser durona." Só quando entrou na equipe de negociadores é que ela percebeu que estava apenas usando as capacidades que vinha refinando a vida inteira. "De repente me dei conta de que as pessoas negociam todos os dias de suas vidas, não há nada de misterioso nisso. Puxa, como eu negociava com a minha mãe! Além disso, depois do primeiro contato em que cada um fazia pose para impressionar os outros, era só gente lidando com gente. Hoje, vejo que negociar é simplesmente tentar chegar a algum acordo com o qual todos se sintam satisfeitos."

Você renuncia a todos os picolés?

Quando se trata de relacionamentos, as mulheres são especialistas na delicada tarefa de acalmar os ânimos e resolver brigas. O problema é que o sexo frágil se preocupa demais em manter todo mundo feliz. Já vimos mães que, para resolver uma briga pela sobremesa, abrem mão de sua porção para manter a paz na família. Talvez não seja tão ruim como estratégia no âmbito familiar. Mas quando se trata de negociar com o mundo lá fora, a mamãe não pode esquecer de guardar, pelo menos, um picolé para si mesma.

Margaret trabalha em um grande bufê, mas detesta cobrar dos outros. Sempre que tem de se sentar com jovens noivas e suas mães para falar sobre os cardápios do casamento, ela fica incomodada de dizer o preço. "Só dou o valor quando as pessoas me perguntam", conta ela.

Com o tempo, Margaret aprendeu a negociar um pouco melhor em nome de seu empregador. Mas caiu na armadilha da moça boazinha quando ela mesma preparou um banquete para as bodas de ouro de uma amiga de sua mãe. Embora a amiga fosse milionária, Margaret relutava em mandar a conta. "Eu adoro preparar uma festa, fazer todas as compras, passar a noite inteira na cozinha", diz ela. "Mas quando chega na hora do preço, é sempre a mesma coisa: 'Ai, temos mesmo de falar nisso?'"

Margaret adiou tanto a cobrança, que a cliente ligou para lembrá-la delicadamente da conta. Então, Margaret somou o custo de todos os ingredientes – um quarto do valor de uma refeição normal do bufê, pois ela conseguira tudo com abatimento – e acrescentou uns duzentos dólares pelas muitas horas que passara nas compras, na cozinha e servindo a comida para sessenta pessoas.

Para sorte dela, a cliente percebeu que o total estava bem abaixo do que deveria. Quando pagou a conta, a amável milionária acrescentou algumas centenas de dólares à quantia pedida. "Evidentemente, ela percebeu que não cobrei o bastante pelo meu tempo", diz Margaret. "Eu poderia ter pedido qualquer importância que ela não teria sequer piscado. Não sei por que tive de causar todo esse trauma a mim mesma."

O mais espantoso é que ninguém estava pedindo que ela renunciasse a nada. Foi a própria Margaret quem apresentou todos os argumentos necessários para desvalorizar seu trabalho. Inclusive, o fato de adorar o que fazia, como se a remuneração de um trabalho devesse ser diretamente proporcional ao sofrimento com que fosse realizado. Em sua cabeça soavam frases negativas que os convidados poderiam dizer: "A comida não estava boa!" ou "O serviço foi deficiente!". Ela pagaria qualquer preço para evitar comentários negativos. Além do mais, quem seria tão mesquinho a ponto de insultar alguém que trabalha de graça?

Para compensar, você procura agir como um homem?

Para evitar se transformar em capacho, algumas mulheres usam o método oposto e assumem atitudes masculinas. Só que o tiro pode sair pela culatra, adverte a advogada Courtney Bass: "Adotando um estilo artificial, você está desperdiçando seu talento. Por que Barbra Streisand deveria cantar como Pavarotti?"

Cristina Secchin, diretora de Recursos Humanos do Rio de Janeiro Marriott Hotel, aconselha as mulheres a respeitarem seu próprio estilo. "Na década de 90, a mulher supervalorizou uma postura mais assertiva, mais fria, ou seja, mais condizente com as atitudes masculinas. Agora, está percebendo que sua intuição, emoção e sensibilidade também podem trazer resultados positivos no trabalho", diz Cristina. Formada em Psicologia, ela acredita que a mulher não deve recorrer a máscaras. "Se você é durona, ótimo. Se não é, não precisa fingir. Seja você mesma."

Cristina conta que sempre preferiu convencer o adversário. Quando gerenciava sete hotéis de outra rede, ela teve de enfrentar várias negociações com diretores, às vezes, até por uma coisa tão simples como trocar a louça do restaurante. "O método de enfiar garganta abaixo só funciona em casos de emergência. Sempre tentei fazer com que os outros se sentissem co-autores das idéias e entrassem para o meu time."

Você desiste facilmente?

Em um estudo acadêmico de 1994, estudantes do sexo masculino de uma escola de Administração se mostraram mais espertos do que as mulheres quer estivessem comprando ou vendendo, quer estivessem negociando com homens ou com mulheres. Os pesquisadores chegaram à conclusão de que os homens se davam melhor porque eram mais atuantes, ofereciam mais propostas e sugeriam várias maneiras de levar adiante a transação. As mulheres que reconhecem que a negociação é um esporte de resistência dizem que aprenderam a agüentar firme para chegar a um bom resultado.

"Sou persistente. Não aceito um *não* como resposta", diz Cordia Harrington, empresária que fechou um bom negócio com a McDonald's. "É muito importante saber o que quero antes de iniciar a negociação. Se apresento a proposta de uma maneira e não obtenho a resposta desejada, posso tentar outras abordagens."

"Um *não* não significa *não*", concorda Whitney Johns Martins. "*Não* significa 'não desta maneira', o que quer dizer que se deve experimentar alguma outra. Procuro aceitar o *não*, porque ele me diz que estou indo por um caminho que não irá funcionar. Em vez de me lamuriar por ter sido rejeitada e perder tempo, me dou conta de que sei mais do que sabia antes."

Você espera que todo mundo seja tão bonzinho quanto você?

Só porque você é capaz de sair do seu caminho para ser boazinha, não espere que todo mundo faça o mesmo. "Eu pensava que se me tornasse amiga das pessoas com quem tenho negócios elas me tratariam bem", diz uma consultora empresarial. "Não é bem assim. Por mais que sejam simpáticas, as pessoas têm seus objetivos e investem neles e não em nossos interesses."

Duro Começo: Perdendo o Frio na Barriga

Em um mundo perfeito, sabemos que você preferiria evitar qualquer negociação. Sabemos o frio que você sente na barriga só de pensar em pedir aumento ao chefe e a vontade que tem de fugir na hora de elaborar um contrato com um fornecedor. Fique tranqüila, você não é a única. Até os mais experientes negociadores podem ter aquele momento de eu-preferia-estar-fazendo-qualquer-outra-coisa. Mas, acredite se quiser, a negociação pode ser uma experiência estimulante, criativa e até inebriante.

"Gosto quando o resultado final deixa as duas partes felizes", diz Jeanette Wagner, uma executiva da Estée Lauder que faz bons negócios pelo mundo inteiro. A diretora de marketing da Du Loren, Denise Areal, concorda com ela: "Adoro negociar, porque exige uma porção de talentos e habilidades. É sempre um desafio! E, se você acredita naquilo que está defendendo, tenta imaginar alguma forma de sustentar seu ponto de vista."

Pode ter esperança: quando você acabar de ler este livro, vai passar a considerar cada situação de negociação como mais uma oportunidade de aperfeiçoamento e, embora ainda não acredite, até deixará alguns vendedores de carro comendo poeira.

Aquele nó na sua garganta antes da negociação pode não desaparecer completamente. Mas, com o tempo e a prática, você começará a ver a negociação como um processo estimulante, que gera novas idéias e reforça antigos relacionamentos. Você não imagina quanto sua autoconfiança aumenta quando você consegue um abatimento de cinco por cento no preço da sua nova máquina de lavar roupa.

Este livro vai ajudá-la a encontrar soluções criativas para as negociações que realmente contam: aquelas que você tem de fazer com as pessoas mais importantes da sua vida. É possível que nem sempre você obtenha um acordo em que as duas partes saiam ganhando. Mas, se aprender a negociar com maior eficácia, saberá que fez o melhor para conseguir o que realmente precisa.

DICAS PARA NEGOCIAR AO TELEFONE

Alguma vez você já foi surpreendida por um telefonema de sua cunhada e logo se viu concordando em cuidar do filhote de São Bernardo enquanto ela e seu irmão saíam para duas semanas de férias? Propositadamente ou não, sua cunhada estava usando uma técnica de negociação mais do que desgastada: a emboscada com um telefonema inesperado. Ela estava preparada. Você, não – e caiu na armadilha.

Nossa querida amiga Martha, redatora autônoma, se recusa a entrar nessa. Não vem que não tem. Quando alguém liga para falar de negócios, ela sempre faz questão de ligar de volta: "Digo que estou saindo do chuveiro, que o cachorro pegou meu sapato. Aí posso ligar de volta na hora que for melhor para mim, quando estiver calma, concentrada, já sabendo o que quero dizer."

Se você sabe que enfrenta um adversário agressivo (seja seu antigo chefe ou sua mãe, que vive no melhor dos mundos e quer que você organize um café da manhã daqueles para suas irmãs), tome a iniciativa de retornar a ligação. Mantenha sempre um bloco de notas ao lado do telefone para anotar o que for preciso. Agora, você está em posição de vantagem.

Em alguns casos, quando chegar a algum acordo, escreva um bilhete e envie para quem telefonou. Isso é importante, mesmo não sendo um telefonema de trabalho. Se está preocupada com a idéia de que a coordenadora da escola de seus filhos possa tentar forçá-la a assumir a associação de pais e mestres – e você não quer –, envie um cartão bem bonitinho lastimando profundamente a impossibilidade – não precisa dizer a razão – e adiantando que você ajudará a pensar em alguém para ocupar a função.

Não esqueça que negociar por telefone não favorece tanto um resultado ganha-e-ganha como um encontro cara a cara, já que é impossível detectar indícios não-verbais ou usar o seu próprio arsenal de acenos de cabeça solidários e sorrisos encorajadores. Pode-se interpretar o silêncio e os tons da voz, mas não se pode olhar no fundo dos olhos da pessoa do outro lado da linha.

Em contrapartida, se você tem problemas para dizer não quando a amiga sorridente lhe pede um favor um tanto exagerado, aí sim, o telefone, mais impessoal, pode ser a sua melhor arma.

Capítulo 2

Em Busca da Sua Verdade

Era uma semana comum. Na segunda-feira, Lynn aceitou assumir um projeto urgente no trabalho. A supervisora, que era sua amiga pessoal, explicou desolada que não havia dinheiro para pagar horas extras, mas garantiu que ficaria muito grata por seu esforço. Na terça-feira, Lynn descobriu que o itinerário da excursão da escola de seus netos fora alterado. Em vez de viajarem de avião, as crianças fariam mil e quinhentos quilômetros num ônibus expresso. "Achamos melhor economizar a passagem aérea e imaginei que ninguém se incomodaria em dormir duas noites num ônibus", disse o diretor. "Mas ainda assim você nos acompanhará, não é?" Na quinta, Lynn recebeu um telefonema desesperado da irmã: a babá não poderia ficar com sua filha, de dois anos, exatamente na semana em que ela planejava viajar numa segunda lua-de-mel com o marido. "Eu não pediria para você ficar com o bebê, mas passei por um período terrível nos últimos tempos e estou precisando dar um tempo longe de tudo", choramingou a irmã.

Diante da idéia de enfrentar quatro dias num ônibus abafado com trinta e duas crianças cheias de energia, horas extras de trabalho frenético não remunerado e ainda uma semana atrás de um bebê, Lynn telefonou para Beth pedindo que ela assumisse parte de seus compromissos na Organização de Pais e Mestres.

Sempre boazinha, Beth disse que iria ajudar. Mas, ao perceber o pânico na voz da amiga, pensou que estava na hora de um pequeno discurso sobre os benefícios de aprender a negociar: "Existe um livro ótimo que se chama *Como Chegar ao Sim*. Por que você não o leva para ler no ônibus?", sugeriu Beth.

"Ai!", gemeu Lynn. "Não preciso de ajuda para dizer *sim*. Todo mundo sabe que eu sempre digo *sim*. Este é o meu problema!"

O mundo está cheio de mulheres que não sabem dizer *não*. Dizer um *não* (ou mesmo um "depois eu respondo") é algo que vai contra toda a ética da moça boazinha. Somos amistosas, prestativas, generosas, nos auto-sacrificamos e estamos sempre disponíveis. Fazemos qualquer coisa para ajudar uma amiga.

Às vezes, é maravilhoso. É a brigada das boazinhas que organiza as refeições da família da vizinha que foi internada com um câncer no seio. Juntamos roupas para os bebês de mães carentes. Somos solidárias na doença, organizamos campanhas da UNICEF, damos dinheiro para orfanatos e asilos. Se não fosse por nós, o mundo seria um lugar bem mais frio e muito mais cruel.

O problema é que não sabemos parar. Temos corações moles, somos facilmente persuadidas, caímos em todas as historinhas tristes que escutamos. Uma coisa é ser voluntária no sopão dos sem-teto, mas lavar toda a louça do jantar de Natal porque sua cunhada acabou de fazer as unhas são "outros quinhentos".

Talvez tenhamos receio de que as pessoas só gostem de nós pelas coisas boas que fazemos, não pelas boas mulheres que somos. Talvez tenhamos sido levadas a acreditar que não merecemos tratamento igualitário. Pode ser ainda que tenhamos medo de que um pequeno ato de rebeldia venha a desencadear uma feroz avalanche de auto-afirmação e um supremo ato de rebeldia.

Para tudo dizemos *sim*. *Sim*, darei o treinamento ao cara inexperiente que você contratou para o posto de supervisão que eu merecia. *Sim*, sairei mais cedo do trabalho às quintas-feiras para apanhar a criançada na escola para você não perder sua aula de ioga. Claro. Certo. Tudo bem. Nenhum problema. Não se preocupe. Na Terra das Boazinhas existem 657 maneiras de dizer *sim*.

Por isso, não é de se espantar que Lynn tenha levado um susto quando escutou o título *Como Chegar ao Sim*. Nesse livro, publicado em 1981, os autores Roger Fisher e William Ury promovem a idéia de chegar a acordos que beneficiem a todos. Quando escreveram que seu objetivo era ajudar os leitores "a obterem aquilo a que têm direito e ainda assim continuarem sendo pessoas decentes", eles mostraram total sintonia com as boazinhas. Infelizmente, não perceberam o quanto muitas de nós confundem decência com martírio.

Nós, as boazinhas, precisamos de um tipo de educação diferente se quisermos chegar ao *sim* – um *sim* bom e saudável, não aquele *sim* automático que damos sem pensar. Aqui, estamos falando sobre negociação, não em cair de costas e se fingir de morta. E o objetivo de qualquer negociação é obter o que se precisa.

Para isso, você tem de ser sincera consigo mesma. Do que você precisa e o que deseja? As mulheres têm dificuldade para responder essas perguntas, porque estão muito acostumadas a pensar nas necessidades e nos desejos dos outros. Se você quer uma negociação em que ambos os lados saiam ganhando, o primeiro passo é descobrir o que você realmente quer. O que a deixaria feliz? O que você quer da vida?

Antes de chegar ao *sim*, você terá de chegar a você mesma.

Por Favor, Não se Acalme!

Em vez de dizer *não*, muitas boazinhas adotam como estratégia acalmar-se – o que Beth chama de abordagem do "sim-sim-sim-estou-aqui". Foi essa atitude que quase custou o investimento de um milhão de dólares de Linda Calafiore.

Ex-funcionária pública, Linda pediu demissão de um emprego seguro, tomou um empréstimo num banco e, em 1983, abriu uma escola de culinária, em Chicago. Sob sua liderança, o negócio foi se desenvolvendo e, hoje, tem oitocentos alunos.

Parte do sucesso se deve à localização da escola, na região mais chique da cidade. Linda investiu mais de um milhão de dólares em cozinhas ultramodernas, com equipamentos de alta tecnologia e salas de refeição acolhedoras para atrair alunos de classe alta. No entanto, sempre que chegava a hora de conversar com o proprietário do imóvel sobre o preço do aluguel, Linda deixava de ser a empresária de sucesso e se tornava a típica boazinha. Temendo perder o ponto, simplesmente concordava com praticamente todas as exigências do proprietário.

Depois de anos de *sim*, ela percebeu que estava pagando o aluguel mais alto do edifício e resolveu dar um basta. O proprietário resistiu aos pedidos de Linda – provavelmente porque imaginava que ela jamais sairia dali devido ao gigantesco investimento que fizera. Só que ele não sabia que a empresária tinha chegado ao seu limite. Ela começou a procurar outros locais para instalar sua escola e providenciou para que o proprietário ficasse sabendo. Percebendo que corria o risco de perder uma valiosa inquilina, ele recuou em suas exigências. "Quando finalmente a gente diz *não*, eles se espantam", diz Linda.

O problema da serenidade e da calma é que nem sempre elas têm o efeito que imaginamos. Quando cedemos a uma exigência após a outra, esperamos conseguir algo em troca. Só que não é bem assim. Quanto mais se faz por algumas pessoas, mais elas esperam de nós – e menos dão em troca. Concordar com tudo pode levar os outros a pensar que é fácil abusar de você.

Nem Tudo É Negociável

Antes de chegar ao *sim*, você terá de perceber que algumas coisas simplesmente não são negociáveis. O truque para isso é definir qual é o seu limite. Para a compositora Lucinda Williams, o limite era o respeito à letra de suas canções. Embora não seja muito conhecida do público, Lucinda é uma lenda entre os músicos por seu perfeccionismo. Ela quase levou seus fãs à loucura porque chegou à conclusão de que não gostava de nenhuma das trilhas de seu último CD e insistiu em regravá-las duas vezes. A meticulosidade valeu a pena, pois ela ganhou o Grammy.

Ao se transformar em sucesso da noite para o dia, depois de duas décadas no ramo, Lucinda recebeu um convite da produção do famoso programa de televisão americano *Good Morning America*. Seus agentes sugeriram que ela cantasse "Right in Time", uma canção romântica sobre um amor perdido, mas ardorosamente lembrado. Os produtores só faziam uma pequena exigência: será que, por favor, ela poderia deixar de fora o verso "Deito de costas e gemo, olhando para o teto"? Talvez fosse, digamos, um pouquinho exagerado para os telespectadores matinais.

Não era um pedido fora do comum e Lucinda sabia que a presença num programa transmitido para todo o país poderia, finalmente, deixá-la no alto das paradas. Ela pensou, pensou e decidiu. Podar uma das composições em que havia trabalhado com tanto amor, só para aparecer na televisão, não valia a pena.

Lucinda acabou cantando toda a música no *Good Morning America*. Ela venceu porque os produtores precisavam tanto apresentar um novo talento quanto Lucinda precisava promover seu disco. É um fato singelo que muitas mulheres parecem não entender: *os negociadores são interdependentes*. Você pode estar desesperada procurando um apartamento e, do outro lado, há um proprietário precisando encontrar um inquilino confiável. Você deseja um aumento, e seu patrão quer evitar a despesa de treinar alguém para seu lugar caso você peça demissão.

Ninguém negocia por divertimento. As pessoas se dão ao trabalho de discutir transações porque há algo de que precisam e que não conseguem obter sozinhas. Portanto, você terá de ser honesta consigo mesma a respeito do que poderia abrir mão.

VOCÊ VALE MUITO

Paradoxalmente, uma pequena informação negativa pode fazer você perceber o quanto é valiosa. Jenny, dona de uma firma de marketing de Seattle, orgulha-se de proporcionar um serviço cinco estrelas para seus clientes. Por isso, surpreendeu-se com a carta de um cliente, que reclamava da qualidade de seu trabalho e desejava renegociar o pagamento.

Quase em lágrimas, ela telefonou para um amigo e recebeu um

conselho: "Jogue os fatos em cima dele." Bastava escrever um relatório detalhando os serviços de alto nível que prestara nos últimos seis meses.

Enquanto elaborava a resposta, Jenny se deu conta de que o Sr. Mal-Humorado era o cliente mais difícil e que mais tomava seu tempo (portanto, o que menos lhe dava retorno em relação ao tempo gasto). A remuneração era injusta para *ela*. Por isso, Jenny decidiu não trabalhar mais para ele.

Quando recebeu o fax sobre o cancelamento da conta, o cliente ligou para tentar restabelecer o relacionamento. Pelo jeito, o tiro saíra pela culatra. Ele desejava reduzir seus custos, mas não queria de modo algum perder o fornecedor.

Com isso, a bola estava de novo no campo de Jenny. Ela percebeu que o contrato não satisfazia suas necessidades, e o cliente admitiu que desejava continuar com os serviços. Assim, Jenny pôde renegociar um contrato que valia a pena para ela.

Não espere uma crise para imaginar o quanto você vale. De vez em quando, faça uma pausa para examinar todos os seus pontos fortes. Valorize seus traços de boazinha tão fundamentais na hora da negociação: bom relacionamento com os clientes, muita paciência e um poço sem fundo de bom humor.

Esses são atributos a que outras pessoas – talvez até você mesma – nem sempre dão valor. Contudo, eles valem dinheiro porque fazem com que você seja uma companheira de trabalho agradável e uma excelente interlocutora para os clientes da empresa.

Pelo menos uma vez em sua vida não seja modesta. Não é preciso colocar esta lista no seu site pessoal na Internet. Basta mantê-la perto do seu coração, para ajudá-la a fazer as boas negociações que você merece.

O Poder da Paixão

Você tem um tesouro guardado dentro do peito: é o seu coração cheio de entusiasmo e emoção. A cineasta Carla Camurati soube usar esse trunfo para convencer empresários a patrocinar seu primeiro filme, *Carlota Joaquina – A Princesa do Brazil*, em 1995.

Na época, o cinema nacional vivia uma grande crise, e o dinheiro para as produções era escasso. Carla não se intimidou.

Com um orçamento enxuto, de quinhentos mil reais, começou a bater de porta em porta à procura de parceiros. "Eu acreditava no que estava fazendo. Tinha estudado muito a História do Brasil e sabia que o assunto era importante para o país e ao mesmo tempo saboroso. Além disso, havia reunido um ótimo elenco e estava certa de que poderia fazer um filme de qualidade. Por tudo isso, eu tinha uma obstinação quase sagrada", conta ela.

Sua paixão foi recompensada. Carla não só conseguiu levantar os recursos necessários, como seu filme se tornou o marco da retomada do cinema nacional, com uma bilheteria de 1,3 milhão de espectadores.

Hoje, à frente da produtora Copacabana Filmes, a cineasta tem se aperfeiçoado diariamente na arte de negociar. Para realizar seus outros dois filmes, *La Serva Padrona* e *Copacabana*, ela teve de fazer muitos acordos. "Tenho de negociar de A a Z, desde o preço do aluguel de um equipamento ao percentual que o ator vai receber e à cota que o patrocinador pode investir no filme. Nada é fácil", explica. "Mas o importante é acreditar."

A emoção também pode ajudá-la em questões triviais, como a compra de um carro. Da próxima vez que entrar numa concessionária, anote o preço pedido pelo vendedor na sua agenda. Depois, pense em como vai usar a diferença resultante de suas negociações em algo que deseja muito: um aparelho de som para o quarto dos seus filhos, um belo presente de casamento para a sua melhora amiga, uma gorda doação para a construção da igreja local ou para a cesta de Natal de um orfanato.

Na hora em que você começar a barganhar, terá como combustível o incentivo de suas convicções.

A Batalha da Laranja

Há o clássico exemplo de negociação das duas irmãs brigando pela única laranja que sobrou na mesa da cozinha. Depois de muito bate-boca, elas resolvem cortar a laranja ao meio.

Boa solução? Não. Ann estava gripada e queria tomar um pouco de suco de laranja. Ela não sabia que Sally queria fazer biscoitinhos de laranja e só precisava da casca. Se elas tivessem conversado sobre o que queriam, Ann poderia ter tomado um copo de suco e Sally teria casca suficiente para fazer uma fornada de biscoitos.

Em termos técnicos, elas não entenderam a diferença entre seus interesses e suas posições. A posição é a atitude que você toma, o interesse é o que você realmente quer da transação. As duas irmãs estavam na posição de "eu quero a laranja", o que as colocava em antagonismo direto. Teriam feito melhor se colocassem seus interesses claramente em cima da mesa, ao lado da laranja.

Dê o Fora

Se um negócio não serve para você, dê o fora. Nós sabemos muito bem como essas coisas acontecem. Você ficou constrangida porque o vendedor era gentil e passou um tempão conversando. Teve medo de ferir os sentimentos de sua tia quando a amiga dela sugeriu que você se candidatasse ao emprego. Acha que sua irmã vai ficar furiosa se você não comprar as velas que o namorado dela vende. Escute aqui: nada disso tem a *menor* importância!

No fim das contas, é você quem vai fazer os pagamentos ou amargar num emprego que não deseja. Há poucos anos, Sarah Hoit resolveu ampliar sua empresa de treinamento para mães trabalhadoras. Primeiro, ela foi atrás de financiamento. Depois, achou que o melhor seria procurar um fundo que investe em empresas pertencentes a mulheres. Os dirigentes do fundo se impressionaram com a paixão de Sarah e com suas realizações. Em dois anos, ela abrira programas de treinamento em sessenta e cinco escolas. Só que, quando eles propuseram se associar à sua companhia, o preço oferecido por cota era apenas a metade do que ela tinha em mente.

Sarah sabia que era difícil para quem estava de fora calcular o valor de uma nova empresa. Por outro lado, ela queria ter como parceiro o fundo das mulheres. Resolveu refletir melhor. Ela não estava desesperada por dinheiro e havia outros investidores interessados. "Eu acreditava no que estava pedindo e não queria abaixar meu preço", conta. Sarah recusou a oferta. Duas semanas depois, recebeu um telefonema do diretor do fundo, aceitando sua proposta.

A capacidade de recuar é a fonte maior de poder em qualquer negociação. É mais forte do que dinheiro, posição ou recursos. Se parece exagero, pense bem. Imagine que você é uma garçonete que acaba de entrar no emprego e deseja pedir folga no fim de semana para ir ao casamento de sua melhor amiga. Treme só de pensar em pedir dois dias de folga. Se você tem convicção de estar realizando um bom serviço, sua posição é de vantagem. O que é mais difícil para seu chefe? Despedi-la e ter que passar de novo por todo um processo de seleção e treinamento de uma garçonete, ou encontrar alguém para substituí-la por dois dias? Sem chefe, com certeza, tem mais poder do que você, mas isso não significa que ele esteja com todas as cartas na mão.

E Agora, o Plano B...

Se você for negociar com um aperto no peito, é provável que ache que seu adversário pode virar as costas e você, não. Seu chefe tem uma pilha de currículos de gente ansiosa para pegar o emprego, e você não pode perder o plano de saúde. Ou você acaba de ser transferida e só tem um fim de semana para encontrar um apartamento e assinar o contrato. Ou você está apaixonada, mas seu namorado não consegue resolver se está pronto para assumir um compromisso.

Minha amiga, pare aqui mesmo! Sempre que sentir esse desespero, significa que você quer – seja lá o que for – muitíssimo. Então, precisa parar, tomar fôlego e inventar o Plano B.

No mundo das negociações profissionais, o Plano B é conhecido como MAPAN. Sim, soa como a palavra mágica de um super-herói, mas é uma sigla para Melhor Alternativa Para um Acordo Negociado, um conceito criado por Fisher e Ury, os autores de *Como Chegar ao Sim*. Nada como a MAPAN muito bem pensada para deixá-la em boa posição na hora de negociar.

Para criar o Plano B, você deve responder à seguinte pergunta: O que faço se não conseguir um acordo? Se você tem uma lista de alternativas razoáveis escondida na bolsa, vai se sentir autorizada a virar as costas em vez de aceitar menos do que merece.

Imagine que você quer comprar um carro novo. Como mora longe, você dirige quase cem quilômetros por dia para ir e voltar do trabalho e precisa de um modelo seguro e econômico. Mas, quando faz uma pesquisa de preço nas concessionárias de sua cidade, descobre que até os carros populares estão mais caros do que você imaginava. Sem condições de pagar à vista, você pensa em fazer um financiamento. Será que vale a pena se endividar até o pescoço ou é melhor convencer seu carrinho a agüentar firme por mais um ou dois anos?

Você também pode elaborar o Plano B. É bem provável que existam algumas possibilidades em que você ainda não pensou. Você tem medo de comprar um carro usado? Encontre um mecânico de confiança e peça para ele dar uma boa olhada no motor antes de comprá-lo. A idéia mais inteligente talvez seja ficar com o carro velho e se mudar para mais perto do trabalho. Assim, você economizaria tempo e dinheiro. Vá até o revendedor com essas opções no bolso e você poderá descobrir que não é tão difícil negociar um desconto.

Cordia Harrington, nascida no Tennessee, teve uma boa experiência com a MAPAN há poucos anos, quando negociou com a McDonald's Corporation. Cordia possuía três franquias da McDonald's e um dia ouviu dizer que a companhia precisava de um novo fornecedor de pãezinhos na sua região. As franquias estavam indo muito bem, mas ela sonhava com um negócio maior. Por isso, se ofereceu para abrir uma padaria. A McDonald's sugeriu que ela fizesse uma parceria com dois sócios que tinham experiência no campo de fornecimento de produtos alimentícios.

Antes de começar a negociar com os sócios em perspectiva e a McDonald's Corporation, Cordia criou o Plano B. Ela queria, pelo menos, 51 por cento do negócio. Se não conseguisse, decidiu que ficaria com suas franquias e ponto final. Quando os sócios a pressionaram, mostrando que pretendiam manter o controle, Cordia reafirmou sua exigência inicial, mesmo sabendo que poderia estar dando as costas para uma pequena fortuna. "Se lhes entregasse o controle, jamais poderia tomar qualquer decisão. Preferia não fazer o negócio", diz ela.

No entanto, ela não desistiu. Num encontro com os executivos da McDonald's a respeito da possível sociedade, Cordia tirou do bolso sua MAPAN e disse: "Jamais trabalhei para os outros e não quero começar agora. Tudo indica que vocês querem uma funcionária. Evidentemente, sou a pessoa errada."

Palavras mágicas! Os gigantes do hambúrguer perceberam que ela poderia fazer o trabalho e concordaram que ficasse com 51 por cento da padaria.

Jamais Pense Pequeno

Jamais se subestime. Para as boazinhas, esse conselho parece incrivelmente difícil de seguir. Sempre somos nós que carregamos o guarda-chuva, enfiamos blusões nas mochilas dos filhos, guardamos uma nota de dez dobradinha na bolsa de maquiagem, para uma eventualidade. Enfim, estamos sempre pensando no que pode dar errado e no que faremos para consertar.

Por que nos preparamos apenas para o que vai dar errado? Nas negociações, é preciso examinar o quadro inteiro e isso pode incluir todo um universo de grandes sucessos. Não pense pequeno quando estiver indo para uma mesa de negociações.

A professora Leigh Thompson vê as pessoas cometerem esse equívoco o tempo todo. Quando seus alunos de Administração fazem negociações simuladas, aplicam-se em estabelecer suas MAPANs. E aí eles pulam em cima de qualquer negócio que valha um tostão a mais do que a pior alternativa. "Alguns deles se concentram tanto em suas MAPANs que esquecem suas aspirações", diz ela.

Procure ver todos os negócios com lentes cor-de-rosa. De qual você gosta mais? O que faria você se encher de orgulho? Até onde você conseguiria chegar? O que significa para você pensar grande?

Sempre peça prêmios por desempenho fora do comum. Se você está fornecendo matérias-primas a um fabricante ansioso, peça uma parte do que ele economizará se você entregar tudo uma semana antes. Qual é o problema? Se você conseguir, ele estará lucrando. Se não conseguir, ele não perderá nada... nem você.

SIGA SUA INTUIÇÃO

Por fim, siga seus instintos. Não estamos avalizando nenhum conceito místico da intuição feminina, mas se você sentir alguma coisa estranha, qualquer que seja, durante uma negociação, preste atenção. Você poderá estar certa. "Se você sentir uma vibração indicando que alguma coisa não está certa, vá mais devagar", aconselha Ann Lloyd, presidente de uma organização que reúne as empresárias mais importantes dos Estados Unidos. "Muitas mulheres não confiam no que sentem. A nossa intuição funciona maravilhosamente bem. Use-a como base, confie nela."

Quando você sabe o que é bom para você, toma a decisão certa. Foi o que aconteceu com a Lynn, aquela que acabou enfiada num ônibus com trinta e duas criancinhas de Chicago até Dallas. A viagem de quinze horas lhe deu tempo para pensar no que era importante em sua vida. Quando chegou a Dallas, ela sabia exatamente o que queria. Ligou para a irmã, lhe deu o nome de duas babás e lhe desejou boa viagem. Depois telefonou para o aeroporto e marcou um vôo para Chicago: "Fiz o que havia combinado. Acompanhei as crianças ao rodeio e fiquei atrás delas até o último show. Depois de embarcá-las no ônibus, peguei o avião e ganhei um dia livre para fazer o trabalho extra." Depois disso, Lynn renunciou à participação em dois comitês da escola e avisou à chefe que não faria hora extra até o fim do ano escolar. "Percebi que precisava de espaço para respirar. Agora, consegui. Sempre pensei que eu era uma pessoa do *sim*. Só que às vezes é preciso dizer *não*."

HISTÓRIAS DE CAMA: NEGOCIAÇÃO NO QUARTO

Imagine isto: o seu chefe acaba de mudar o esquema de férias e você está morta de raiva. Pelo terceiro ano consecutivo, ele ignorou o seu pedido de quinze dias de férias em janeiro. Desta vez, ele vai saber exatamente o que você está sentindo.

Portanto, quando ele entra em sua sala, você resmunga de leve, dá de ombros, abana a cabeça de modo não muito perceptível e dirige-se majestosamente ao banheiro – certa de que seus sentimentos estão muitíssimo transparentes.

Você não acha que essa estratégia parece um tantinho inadequada? Para falar a verdade, será que funciona? Então, porque, diabos, está agindo da mesma maneira na cama?

Como se pode imaginar, as boazinhas, em geral, são péssimas negociadoras na cama. Em primeiro lugar, temos certo problema em admitir até para nós mesmas que gostaríamos que nossos parceiros fizessem algumas coisas "diferentes" (mas gostosas) conosco. Isso torna quase impossível pedirmos para eles satisfazerem nossas fantasias. Além disso, mesmo as boazinhas menos inibidas ficam paralisadas só de pensar em ferir as suscetibilidades dos companheiros pedindo que façam um pouco menos disso e um pouquinho mais daquilo. Com isso, muitas terminam com uma vida sexual boazinha, mas nada excitante. Ou, muitas vezes, insuportável.

Não precisa ser assim. Se você consegue aprender a negociar numa revenda de automóveis, pode aprender a negociar no quarto. Aprendendo maneiras eficazes de pedir o que quer e recusar o que não quer, você terminará com uma verdadeira solução ganha-e-ganha, que melhorará o seu relacionamento na cama e fora dela.

Linda Perlin Alperstein, assistente social e terapeuta sexual, tem feito workshops com o título "Fale na cama: seja afirmativa nas relações íntimas". Ela diz que muitas mulheres ficam de pés e mãos atados por acreditarem que os homens instintivamente sabem como proporcionar prazer a suas parceiras. "O mito de que um homem deve saber como agradar é um peso tanto para os homens como para as mulheres."

Pense sobre isso. Ninguém espera que o corretor de imóveis intua magicamente se você está procurando uma casa com três quartos ou um quarto-e-sala. É injusto deixar o parceiro no escuro, sem saber o que faz você desmaiar de prazer e o que a deixa gelada, especialmente se você faz uma tromba quando ele não acerta. "Lembre-se: no sexo, o seu silêncio pode dar à outra pessoa a impressão de que está tudo bem", observa Linda.

O que aparentemente é uma comunicação não-verbal muito clara para você pode não significar nada para seu parceiro. Francamente, aquele sorrisinho que você dá sempre que ele toca *aqui* e não *ali* nada significa se as luzes estiverem apagadas. Enfrente a verdade: as sutilezas da sua linguagem corporal não são visíveis para ele naquele momento. "Não porque ele não esteja interessado, mas porque sua mente se encontra em outro lugar", diz a terapeuta.

O salto quântico

Já que você não estaria lendo este livro se não fosse uma boa moça, pressupõe-se que você tenha alguma ligação emocional com seu parceiro de cama. Ele não está levando você para um fim de semana romântico com a intenção de deixá-la infeliz. Se é como a maioria dos homens, ele quer ser o amante dos seus sonhos – e talvez esteja apavorado com a idéia de não ter um desempenho que a satisfaça. Informe-o sobre suas preferências.

Sabemos que não é fácil. Se você está entrando em um novo relacionamento, não desejará começar criticando a técnica dele na primeira noite de amor. E, se vocês estão juntos a vida inteira, qualquer observação sua pode levá-lo à inevitável conclusão de que ele fez tudo errado nas últimas décadas. De uma maneira ou de outra, você estará correndo o risco de ferir os sentimentos de seu parceiro.

É preciso coragem para renegociar sua vida sexual, reconhece Linda: "Você corre o risco de escutar uma gargalhada, de ser ridicularizada ou ignorada. Por isso mesmo, dizer essas coisas exige um salto quântico."

Antes de partir para essa negociação, você terá de pensar muito. É comum que o quarto sirva como um silencioso campo de batalha para o casal. É lá que você expressa o ressentimento e amargura atravessados na sua garganta durante o dia todo. Há pequenas e grandes frustrações não-explicitadas e não-resolvidas, há inúmeras diferenças entre vocês dois que causaram conflitos, sem falar na própria relação sexual que foi se tornando cada vez mais insatisfatória.

Pense quando foi que esse problema começou e por que você nunca falou. Por que resolveu falar agora? Se você detesta que ele beije o seu cotovelo, por que esperou até as bodas de prata para dizer isso? Se existe algo de novo que a esteja incomodando, verifique se o problema coincidiu com algum outro conflito não-sexual.

Se o clima do relacionamento em geral é alegre e amoroso, provavelmente não será impossível resolver as dificuldades no quarto. Agora, se você está realmente amargurada com a personalidade dele ou com seus hábitos, é detestável usar queixas sexuais para feri-lo em seu ponto mais vulnerável.

VAMOS CONVERSAR?

Depois de descobrir exatamente o que você quer e por que quer, pense onde e quando ter esta conversa. Linda Alperstein recomenda: "Vocês devem marcar uma conversa fora do quarto. Não se entra na sala do chefe para lhe dar um ultimato: 'Quero um aumento.' Se você é uma boa negociadora, dirá: 'Eu gostaria de marcar uma reunião para conversar sobre meu salário.' Com o sexo acontece o mesmo. Você terá de dizer: 'Eu gostaria muito de ter uma conversa sobre a nossa vida sexual. Quando será um bom momento para isso?' E diga no tom mais natural e carinhoso que conseguir, para não criar um clima de ameaça que já coloca o outro na defensiva."

Não espere que o seu parceiro reaja puxando a agenda do bolso e marcando um encontro com você às 19:30 do dia 23. Se ele for como a maioria dos homens, a perspectiva de uma conversa cara a cara sobre uma questão emocional delicada poderá fazer com que marque uma cirurgia atrás da outra no dentista de hoje até daqui a oito meses. Você precisa refletir sobre a capacidade que os dois têm de conversar sobre questões complicadas. Se no correr da vida foram capazes de enfrentar assuntos difíceis, seu parceiro poderá resmungar, mas desejará conversar. Por outro lado, se ele realmente tem dificuldade de sentar para discutir qualquer coisa, talvez seja melhor buscar a ajuda de um terapeuta, psicólogo ou psicanalista.

Se ele se mostrar ansioso, procure acalmá-lo tanto quanto possível. Você pode dizer: "Eu quero que você saiba algumas coisas sobre o meu corpo que acho que não deixei muito claras."

Arranje uma hora e um lugar agradável, onde não sejam interrompidos. Nem pense em ter essa conversa na cama. É provável que ambos se sintam mais confiantes e mais calmos estando vestidos.

Estabeleçam algumas regras básicas que agradem aos dois quando marcarem a conversa. Pode ser definir o tempo que durará a conversa, planejando continuar num outro momento, pode ser pedir para não ser interrompida enquanto expuser o que tem a dizer. Qualquer coisa que facilite o entendimento.

Embora seja difícil expressar seus desejos em voz alta, procure dizer exatamente o que quer. Mas diga tudo com a maior delicadeza possível. "Tato e diplomacia ajudam bastante nesse tipo de negociação", diz Linda.

Concentre-se no que você sente. Diga-lhe que a sua relação sexual está com problemas e que você deseja recuperá-la para que o relacionamento não seja afetado e ambos possam usufruir o sexo com mais alegria. Seja franca, mas evite qualquer agressividade. Lembre-se: é uma negociação em busca de uma solução satisfatória para os dois, e não uma tribuna de acusação.

Depois de dizer como se sente, feche a boca e escute. Cada um dos dois deve deixar o outro falar sem interrupções. Quando o parceiro terminar, repita-lhe o que acabou de ouvir, para ter a certeza de que não há nenhum mal-entendido. "Não é preciso concordar. Mas é importante deixá-lo saber que você escutou o que ele disse", explica Linda.

Prepare-se para escutar comentários perturbadores. Se vocês não têm conseguido dizer um ao outro o que sentem, é bem provável que ambos estejam insatisfeitos com sua vida sexual. Procure escutar sem perder a calma e sem recuar na decisão de resolver esse problema.

Quando os dois terminarem de dizer exatamente o que queriam, procure encontrar um terreno comum. Há algo em que ambos concordem – algo que os dois gostariam de experimentar ou de evitar? Você poderá se surpreender ao descobrir que essa rotina sexual dos sábados às 23:35 é tão chata para ele quanto para você.

Um problema muito comum é a questão de saber quem toma a iniciativa. Linda Alperstein pergunta: "Como é que vocês sabem que terão relações sexuais? É quando seu marido diz algo do tipo: 'Vamos namorar um pouco, meu amor?' É automático, quando as crianças passam a noite de quarta-feira na casa da vovó? Já está incluído na rotina ou está associado a muita ansiedade?" Se um dos parceiros é sempre quem inicia, você tem uma situação potencial de conflito, acredita Linda: "A pessoa que sempre toma a iniciativa muitas vezes se sente como um mendigo, ao passo que a outra, que jamais começa, em geral se sente usada ou culpada por não estar interessada naquele momento."

Se o parceiro de vez em quando faz algo que corta completamente seu tesão, não tenha receio de lhe dizer. Poderá haver uma razão surpreendente para isso. "Uma vez trabalhei com um sujeito muitíssimo bem-educado, que era um bolinador crônico", recorda a terapeuta. "Não importava quantas vezes sua mulher dissesse 'detesto quando você começa assim', ele sempre esquecia e a agarrava por entre as pernas como sinal de interesse sexual. Ela se enfurecia, ele então percebia a falta de interesse dela e desistia."

Os dois terminaram procurando a ajuda de Linda. Com o tempo, o marido percebeu que aqueles agarrões imprevisíveis faziam com que ele se sentisse vigoroso, como um ousado pirata. Só que essa fantasia de pirata fazia sua mulher se sentir como se estivesse sendo atacada por um tarado. Depois de falarem francamente sobre as razões que o levavam a se comportar assim e como a mulher se sentia, os dois conseguiram encontrar alternativas que alimentavam as fantasias dele sem que ela se sentisse atacada.

Quando estiverem conversando sobre essas questões delicadas, lembrem-se de que os homens, na maioria das vezes, sentem uma tremenda ansiedade em relação ao seu desempenho. Alguns adquirem segurança através de uma seqüência de toques sexuais que não variaram desde a noite da festa da formatura. Se alguém pedir que mudem sua rotina, eles têm medo de simplesmente perder o tesão. Ofereça algumas opções: experimentar o que você gosta uma noite e, da próxima vez, o que ele gosta. Mostre que você está levando em conta os sentimentos dele e só quer que ele também leve em conta os seus.

Não espere replanejar sua vida sexual em um papo de vinte minutos. O seu parceiro está profundamente acostumado com os hábitos antigos e é bem provável que ele tenha algumas recaídas antes de mudar sua maneira de ter relações sexuais. Não se perturbe, mantenha-se firme – sempre com delicadeza – e continue conversando sobre o que você quer. "Você estará deixando claro que não pretende sofrer em silêncio e que não irá tolerar mais aquilo", diz Linda. "Tomara que você tenha um parceiro preocupado com as situações de injustiça. Alguns maridos perceberão que estavam sendo prepotentes e procurarão mudar. Mas, se você estiver no limite e ele não conseguir ceder, prepare-se para sair atrás do que é bom para você."

Negociar a vida sexual não é nada simples. Talvez você descubra que, enquanto é libertador para você olhar um homem nos olhos e dizer exatamente o que quer na cama, o seu parceiro poderá achar muito perturbador. "Tenha consciência de que você está mudando a regra do jogo, que você está impondo um limite que jamais estabeleceu antes", observa Linda. Quando reivindica uma alteração no relacionamento, seja na cama ou em qualquer outro campo, você está criando ao mesmo tempo um risco e uma oportunidade. (Em alguns casos, infelizmente, o risco é real. Se o seu parceiro é agressivo, tocar nessas questões delicadas pode desencadear uma explosão violenta. Se a sua segurança estiver em risco, é bom tomar providências: ligue para a delegacia da mulher na sua região e procure ajuda de especialistas.)

Mas o risco de falar geralmente não é tão grande quanto você imagina, e a oportunidade de resolver a sua vida sexual é expressiva. Mantenha-se calma, tenha coragem e não se esqueça de que não há nada de errado em pedir a seu parceiro o que você quer. Talvez essa primeira conversa meio desajeitada marque o início de uma nova fase muito satisfatória em todo o seu relacionamento.

COMPRANDO A SUA CASA

Todas nós sonhamos com a casa própria. Infelizmente, no mercado imobiliário, não se pode esperar que a casa dos sonhos apareça num estalar de dedos. Se você não dominar seus impulsos, terminará esmagada por um imóvel de preço exagerado.

Lembre-se de que um apartamento de três quartos num condomínio com piscina ou uma casa num bairro agradável não é apenas o seu refúgio ideal. É um investimento, talvez o maior da sua vida. Não deixe aquela cerquinha de madeira ou aquela varanda com vista para o mar cegar você para a importância da decisão financeira que está tomando.

Faça uma pesquisa de mercado

Nós duas sabemos, a partir de tristes experiências, como é desanimador procurar uma casa. A gente vê um monte de porcaria, é assediada por uma dúzia de corretores e acaba se perguntando se algum dia encontrará um lugar que possa chamar de "minha casa". Os únicos imóveis que cogitamos comprar custam o dobro da nossa poupança.

Não desanime. Você se sentirá bem melhor sabendo algumas coisinhas.

Ignore aquelas histórias deprimentes de amigos e parentes que compraram um casarão com uma vista maravilhosa a preço de banana e não deixe o corretor fazer uma lavagem cerebral em você afirmando que é impossível encontrar qualquer coisa que sirva de lar a não ser por um preço que lhe soa absurdo. Em vez disso, converse com pessoas da região onde você deseja morar, examine os preços nos jornais, procure descobrir quanto tempo em média os imóveis permanecem à venda, compare os preços pelos quais os imóveis são vendidos e os preços pedidos inicialmente. Os corretores adoram contar histórias de casas vendidas duas horas depois que eles entraram em ação. Não se impressione: até nos mercados mais quentes, os imóveis demoram algum tempo para ser vendidos. Não entre em pânico.

Se você se sentir insegura, não hesite em pedir ajuda a um amigo que tenha experiência no assunto. Cerque-se do máximo de recursos e não decida movida por impulsos puramente emocionais.

Dê uma olhadinha nas suas finanças

Minha amiga Margot está procurando desesperadamente uma casa. O marido dela foi transferido para Chicago, e os dois estão morando no sótão da casa dos pais dele até encontrarem seu cantinho. Por isso, quando apareceu uma casa à venda na minha rua, liguei para ela. "Qual é o seu limite de preço?", perguntei. "Ah, não sei...", suspirou Margot. "Não agüento ficar vendo todos aqueles números. Tenho certeza de que não teremos dinheiro para comprar nada melhorzinho."

Margot não está sozinha. É horrível ter de escavar as economias, examinar com o gerente do banco o crédito que você conseguirá, descobrir o tamanho de casa que cabe em seu orçamento. Mas é preciso fazer tudo isso. Se não fizer, você terminará como a Margot, passando os domingos inteiros na via-crúcis dos imóveis à venda com um nó no estômago.

Primeiro passo: verifique até onde vai o seu crédito no banco, na Caixa Econômica, nas financeiras. Examine cuidadosamente os juros a pagar. Depois descubra quanto poderia pagar por mês, durante quanto tempo. Saber exatamente a sua situação lhe dará uma segurança maior para escolher e negociar.

Não conte para ninguém o seu limite

Jamais revele exatamente o quanto você quer (ou pode) gastar. A primeira responsabilidade do corretor é com relação a quem paga sua comissão: quem vende o imóvel. Se sabe que você pode chegar a cento e oitenta e cinco mil reais, ele não estimulará o proprietário a aceitar sua oferta de cento e setenta e três mil. Ainda que o corretor esteja legalmente representando você, uma compra a preço mais elevado significa uma comissão mais alta. Assim, quando conversar com o corretor, diga-lhe que você está procurando "algo em torno de duzentos mil". O corretor não precisa saber que você tem a possibilidade de chegar até duzentos e vinte e cinco mil. Um bom corretor não pressionará você a respeito do seu limite. Mas, se ele continuar perguntando, procure outro.

Não deixe um corretor escolher você

Quando você começa a procurar um imóvel, imediatamente se torna alvo de uma legião de corretores. Eles telefonarão para sua casa nas horas mais inconvenientes e levarão você para ver lugares deprimentes, que não têm nada a ver com o que você quer. Livre-se dos chatos com firmeza e procure algum que lhe pareça confiável. Afinal, você é a cliente e precisa selecionar cuidadosamente o seu próprio corretor.

Faça algumas perguntas específicas. Descubra há quanto tempo esse corretor está trabalhando na região que lhe interessa. Peça referências dele a antigos clientes. Converse com ele (ou ela) sobre a maneira como fecha negócios. Antes de fazer qualquer oferta, examine a lista dos últimos dez apartamentos vendidos na área em que deseja morar e observe se esse corretor mostra boa vontade quando você pede essa informação.

EM MATÉRIA DE IMÓVEIS, TUDO É NEGOCIÁVEL

Imagine que você assinou um contrato para comprar uma casa por duzentos e vinte e cinco mil. Aí, chama alguém para examiná-la e descobre que a casa precisa de um novo telhado que custará seis mil. O proprietário se recusa terminantemente a consertar o telhado e você não quer ou não pode gastar todo esse dinheiro. A essa altura, o problema é de todos. Você pode propor rachar a despesa: aceita pagar dois mil, o proprietário devolve quatro mil depois de fechada a venda e, para facilitar, o corretor aceita tirar mil de sua comissão, a ser paga pelo proprietário.

CONTRATE UM BOM ADVOGADO

Não importa o que você faça, não assine nada antes que um advogado dê uma boa olhada no contrato. E também não aceite nenhum acordo de boca. Peça ao proprietário para colocar tudo por escrito e entregue a um advogado com experiência no mercado imobiliário. O dinheiro que você pagará ao advogado pode ser o melhor investimento da sua vida. Se ele (ou ela) disser que você está fazendo um mau negócio, ouça com atenção. Isso pode evitar grandes arrependimentos no futuro.

FIQUE FRIA!

Não perca a calma. Sabemos o quanto é irritante comprar uma casa: procurar, ouvir a conversa dos corretores, providenciar a papelada, etc. Em todo caso, seu jeitinho de boa moça pode ser um trunfo durante o sofrimento, desde que você não deixe suas emoções estragarem tudo.

Uma das maiores preocupações pode ser a inspeção do imóvel. De preferência, encontre um arquiteto ou empreiteiro de confiança. Não aceite alguém recomendado pelo corretor, pois ele tem interesse na transação. Leve amigos em quem você confia para visitar a casa – eles podem descobrir algo que lhe passou despercebido. Enfrente com coragem algumas surpresas desagradáveis, como cupins devorando as vigas ou uma fiação em farrapos. Veja se essas surpresas servem para renegociar o preço ou se podem acabar com o negócio. Não faça concessões, pois o preço a pagar pode ser alto demais.

Por fim, não fique excessivamente ansiosa na hora de fechar o negócio. Você pode reduzir a tensão se pedir à imobiliária para preparar com antecedência toda a documentação, para ter tempo de examiná-la ou de dar para algum advogado checar todas as informações importantes.

COMO DIZER *NÃO*

Beth é fã incondicional de Judith Martin, autora de livros de etiqueta, ou melhor, "bons modos". Ela sempre se pergunta: "O que Judith faria numa situação dessas?" Judith, que também é muitíssimo boazinha, compreende como é complicado se proteger de colegas oportunistas que querem fazer você comprar caixas e caixas de biscoitos das bandeirantes ou vender dúzias de bilhetes de rifa. Pessoas não muito polidas simplesmente dizem para essa gente dar o fora, mas a especialista em boas maneiras se dá conta de que "a real necessidade na vida das pessoas civilizadas é dizer: 'Não, obrigada'".

Como as boazinhas nem sempre conseguem pronunciar as três letras da palavrinha N-Ã-O, a alternativa é apelar para: "Lamento imensamente, mas não posso." Se alguém perguntar por que, responda: "Porque tenho a impressão de que é simplesmente impossível."

Se a pressão para entrar no comitê, ser a presidente da liga beneficente, datilografar o contrato, pintar o ginásio ou fazer piquete na usina se tornar intolerável, Judith recomenda esta resposta que serve para tudo: "Ih, querida, agradeço muitíssimo, eu adoraria fazer isso se tivesse alguma capacidade, mas é absolutamente impossível. É uma pena, porque eu gostaria *demais mesmo* e vocês foram *tão* gentis em me convidar..."

NEGOCIANDO EM FAMÍLIA: A DIVISÃO DAS TAREFAS DOMÉSTICAS

Você conhece a história da galinha carijó? Um belo dia, ela encontrou um saco de trigo. Dinâmica e otimista, resolveu plantar o trigo e perguntou aos amigos: "Quem vai me ajudar a plantar?" "Eu não", disse a vaca. "Eu não", disse o pato. "Eu não", disse o porco. "Eu não", disse o ganso.

"Então, eu vou plantar sozinha", disse a galinha.

E foi o que fez. Era sempre assim: toda a vez que a galinha carijó pedia uma ajuda, ninguém dava a menor bola. Um dia, ela perguntou: "Quem vai me ajudar a comer o pão?" De repente, ela se viu rodeada por todos os bichos da fazenda. Como toda boazinha, a galinha carijó sorriu e deu um pedaço de pãozinho fresco e tostadinho a cada um. Todos comeram juntos e viveram felizes para sempre. Pelo menos, era assim que a tia da Beth, Kathleen, sempre contava a história.

Mas Beth acha que o final é outro: "Investigadores descobriram os restos mortais dos quatro animais da fazenda numa cova rasa nos arredores de uma floresta. Peritos criminais estão examinando umas peninhas carijós encontradas junto à cena do crime."

Sou mais otimista. Gosto de pensar que a galinha carijó criou uma cadeia de padarias que vendiam pães e bolos feitos do trigo plantado por ela e, agora, não precisa mais ficar perguntando por aí "quem vai me ajudar?". Simplesmente manda fazer.

Em casa, as boazinhas acabam se sentindo como a galinha carijó. Jamais há voluntários para lavar o chão da cozinha ou passar o aspirador na escada. Mas, na hora de curtir uma deliciosa refeição numa casa bem limpinha, toda a família aparece num passe de mágica. Ficamos sozinhas fazendo o trabalho chato, damos suspiros profundos e descemos a escada para dobrar mais uma pilha de roupa lavada – até que, finalmente, nos enchemos e explodimos num ataque de fúria. Isso provoca um surto passageiro de atividade, mas logo depois os nossos queridinhos furtivamente se retiram das trincheiras domésticas.

Acabamos encurraladas: ou nos resignamos a gastar cada minuto da nossa vida na dureza, enquanto os outros aproveitam a vidinha deles, ou nos transformamos em megeras histéricas, dando ordens aos membros da família para que eles se encarreguem de algumas tarefas básicas.

Há uma terceira opção. Se você conseguir tampar os ressentimentos em ebulição e pensar bem sobre as coisas, é bem provável que descubra como negociar uma divisão mais equilibrada do trabalho doméstico.

Sejamos francas. Existem muitos machões por aí que não se preocupam nadinha com o que suas mulheres sentem. Se o jantar está na mesa e as cuecas na gaveta, quem se importa se a mamãe chora de cansaço todas as noites? Em todo caso, acho que é mais comum essas situações surgirem quando esposas bem-intencionadas se sentem amarradas por toda a bagagem simbólica que associamos ao trabalho doméstico.

Cheryl Mendelson, que escreveu um livro sobre a arte de cuidar da casa, conta que não tinha nenhum problema na divisão das tarefas domésticas no início do casamento. Depois que o filho nasceu e a família se mudou para uma casa maior, com jardim, começaram as brigas. "Meu marido adora jardinagem; eu, não. Então, ele passava os fins de semana alegremente cuidando do quintal – deixando toda a manutenção lá dentro para mim. Nossos esquemas de trabalho também mudaram. Comecei a trabalhar em casa para poder passar mais tempo com as crianças, enquanto Michael ficava mais tempo no escritório. Com isso, fui acumulando a maior parte das tarefas domésticas."

Cheryl começou a se ressentir com a sobrecarga de trabalho. "Sim, eu estava em casa o dia inteiro. Enquanto nosso filho ia para a escola, das nove da manhã às três da tarde, eu tentava resolver rapidamente todos os problemas de trabalho. Das três às seis da tarde, era motorista, levando as minhas crianças e as das amigas para jogos de futebol, aulas de judô, natação, etc. Na hora em que Michael chegava em casa, eu estava exausta e sem a menor disposição para escutar suas queixas de que a casa estava numa desordem insuportável. Sempre acabávamos discutindo."

Coisas a fazer

O primeiro passo é marido e mulher se sentarem (em um local mais agradável do que a caótica sala de estar da família) para descobrir juntos exatamente o que é preciso fazer para a casa funcionar bem. Cheryl Mendelson aconselha: comece fazendo a lista das tarefas indispensáveis, como os cuidados com as crianças, a limpeza básica, compras de supermercado, planejamento e preparo das refeições, lavanderia. Não esqueça as responsabilidades da administração da casa: pagar as contas, cortar a grama, cuidar da piscina e outros deveres essenciais.

Depois, passe um tempo examinando cada item da lista e defina, junto com o companheiro, que tarefa caberá a cada um.

Procurem chegar a um acordo sobre as necessidades da casa. Lembre-se de que seu marido tem uma história de vida diferente da sua. O que para você é indispensável, para ele pode ser supérfluo. Fiquem no meio-termo para não criar ressentimentos e prejudicar o relacionamento. Esforcem-se ao máximo para fazer dessa conversa uma negociação ganha-e-ganha, e não uma queda-de-braço em que há vencedor e derrotado.

Jogo limpo

Não deixe seus filhos de fora da arrumação da casa. As crianças podem – e devem – ajudar a manter a casa funcionando sem problemas. É uma forma de fazer deles pessoas generosas, responsáveis, solidárias. No início, talvez seja necessário usar um pouco de energia para convencê-los a entrar na brincadeira. "Pense em como será bom quando nossos filhos caírem no mundo. Serão capazes de fazer as coisas sozinhos", diz Cheryl.

Não perca tempo reclamando do trabalho a mais que você fez nesses anos todos. As famílias têm como base o respeito e o amor. Se você mostrar o seu ponto de vista claramente e sem chiliques, poderá ter uma surpresa com a disposição de todos em ajudá-la. Talvez seja bom discutir o que pode acontecer como conseqüência do relaxamento ou do esquecimento dos deveres. Quando uma das filhas da Beth deixa de limpar seu quarto, o serviço de táxi maternal silenciosamente deixa de funcionar. Assim, se ela quiser ir à festinha no sábado, é melhor manter o quarto arrumadinho.

Com o tempo, você descobrirá que determinadas tarefas não estão sendo realizadas conforme o combinado. Não perca tempo resmungando. Faça outra reunião com a família e proponha soluções opcionais. Não esqueça que os horários e planos das pessoas mudam de vez em quando. Quando seu filho adolescente deixar de esfregar o chão da cozinha por duas semanas seguidas, pergunte a razão. Ele pode estar inteiramente envolvido no treinamento para o campeonato de natação da escola e talvez esteja exausto para enfrentar um esfregão quando chega em casa. Em vez disso, ele poderia botar e tirar a mesa do café da manhã ou colocar a roupa na máquina de lavar à tarde, pelo menos até o campeonato.

Nas primeiras semanas, enquanto você estiver tentando convencer sua relutante família a dar uma mãozinha, talvez comece a se perguntar se o esforço vale a pena. Para falar a verdade, no começo dá vontade de desistir e fazer tudo sozinha. Só que você não estará fazendo favor a ninguém se estiver guardando raiva enquanto arregaça as mangas para esse trabalho interminável. Fique de olho nos objetivos a longo prazo: se você persistir, as crianças aprenderão a fazer coisas e se sentirão mais confiantes e competentes. E você deixará de se sentir uma escrava e começará a se ver como uma valiosa parceira na criação – e manutenção – de um verdadeiro lar.

Capítulo 3

O Poder da Boazinha

Certo dia de verão, há alguns anos, Amy Barzach e seu marido, Peter, levaram os dois filhinhos a um parque nos arredores de sua casa. Os pais brincavam com Jonathan, o bebê de colo, enquanto olhavam David, de três anos, que fazia a maior barulheira com as outras crianças. Amy viu, então, uma linda garotinha sentada numa cadeira de rodas lá no fundo do parque. O queixo da criança tremia, e as lágrimas brilhavam em seus olhos. O coração de Amy se partiu com aquela menina tão perto e tão longe das outras crianças.

Aquela cena ficou gravada na memória de Amy e ganhou um significado especial quando ela e Peter descobriram que Jonathan sofria de atrofia muscular na coluna. O bebê morreu com apenas nove meses. Se estivesse vivo, pensou Amy, estaria numa cadeira de rodas como a menina, sozinho, olhando as outras crianças brincarem.

Quando um terapeuta sugeriu que Amy e Peter criassem uma espécie de memorial para Jonathan, ela pensou na menina e resolveu construir um parque de recreação acessível a todas as crianças.

Em poucos meses, Amy colocou de pé um projeto para um parque de dois mil e quinhentos metros quadrados. Como vice-presidente de marketing de uma firma de administração de imóveis, ela tinha as qualificações para criá-lo. Mas o traço da personalidade que atraiu mais de mil voluntários para o projeto e persuadiu os empresários locais a doar materiais e serviços no valor de duzentos e cinqüenta mil dólares foi a extraordinária empatia de Amy – sua capacidade de colocar-se no lugar dos outros.

A empatia é apenas um dos muitos aspectos que podem proporcionar uma boa vantagem na negociação. Nós, mulheres, somos boas para ouvir o que as pessoas dizem e perceber as deixas sutis que revelam o que os outros sentem. Você sabe se a sua melhor amiga brigou com o marido só pela maneira como ela diz "alô" quando atende o telefone? Você consegue lembrar as exatas palavras que a professora do seu filho disse na última reunião de pais e mestres da escola? Você fica com um nó na garganta quando vê refugiados sofrendo no telejornal?

Talvez você esteja pensando: "Essas não são *habilidades*. Eu só estou sendo agradável." Em parte, é verdade. Mas precisamos entender que, bem aplicada, nossa *bondade* pode trazer vantagens reais quando tratamos com outros seres humanos. Eu acho graça quando leio livros de negociação que tentam explicar como deixar de ser prepotente. Para alguns machões, essa é uma missão impossível.

Julie Denny, presidente de uma firma de consultoria, ainda abana a cabeça quando se lembra do chefe de um antigo emprego: "Ele não cedia um centímetro. Adorava esmagar a outra pessoa. Não importava se a questão significava alguma coisa para ele ou não." O sujeito justificava seu comportamento com a seguinte frase: "Preciso manter a autoridade." A curto prazo, o chefe perverso fez alguns bons negócios. "Só que as pessoas o detestavam cada vez mais", diz Julie.

O final feliz (pelo menos do ponto de vista de uma moça boazinha) veio alguns anos depois, quando ele perdeu a autoridade e deixou o emprego. Os durões (e duronas) que moldam seu estilo de negociação pelo do chefe de Julie aprenderiam umas coisinhas preciosas com mulheres como Amy e Julie, e talvez até mesmo com você. Basta transformar alguns de seus talentos naturais em armas secretas na hora de uma negociação.

ARMA SECRETA I: A ÊNFASE NA OUTRA PARTE

É difícil imaginar qualquer mãe que não se sensibilizasse ao ver uma menina deficiente deixada de lado. Mas a empatia de Amy Barzach não se limita às crianças que tocam seu coração. Seu dom especial é a capacidade de colocar-se no lugar de qualquer pessoa, mesmo de altos executivos empedernidos.

Quando criou o parque, Amy pensou em chamá-lo de "Sonho de Jonathan". A idéia "pegou" imediatamente e um núcleo de voluntários começou a levantar fundos e a recrutar mais gente para trabalhar. As empresas locais logo ofereceram suprimentos para os voluntários e serviços de paisagismo.

Quando chegou o momento de entrar em contato com companhias maiores para obter dinheiro, Amy parou para pensar sobre o que ela queria e o que as companhias pediriam em troca. "Se eu fosse executiva de uma grande companhia", perguntava-se, "por que razão eu desejaria ajudar a financiar um parque para crianças deficientes? O que ia querer em troca?"

A primeira pergunta era fácil de responder. Os executivos são seres humanos e, como qualquer pessoa, se sentiriam bem ajudando a melhorar a vida de uma criança deficiente.

A questão mais difícil era saber o que o executivo desejaria em troca. Quando faz uma doação importante, uma grande companhia espera ter seu dinheiro de volta na forma de reconhecimento público. Em geral, um cheque gordo vem acompanhado de uma solicitação da empresa para que seu nome seja escrito em letras garrafais sobre o portão principal. Portanto, Amy teria de decidir se o nome do parque estaria à venda: "Eu desejava chamá-lo de 'Sonho de Jonathan', mas desistir do nome talvez fosse uma boa moeda para a negociação." Amy, então, se imaginou atravessando o parque pronto e descobriu que para ela era fundamental que o nome fosse o de seu filho. Tinha de imaginar uma outra opção que proporcionasse uma solução ganha-e-ganha para seus patrocinadores em potencial.

Quando sentou para discutir com dois importantes executivos da United Technologies, o maior empregador da comunidade, o clima era bastante formal. À medida que ela contava para os dois homens a história de algumas das crianças a quem o parque atenderia e o quanto significaria para elas poderem brincar livremente, a atmosfera da sala mudou. De repente, um dos executivos a interrompeu, para dizer: "Amy, eu também sou avô. Acho essa ação muito importante." Ali mesmo, assinou um cheque de vinte e três mil dólares – a quantia que faltava para terminar a obra.

E aí veio a pergunta que Amy previra: "Como poderemos tornar a nossa doação visível, de modo que os empregados se sintam parte dela?" Ele não estava pedindo que o parque recebesse o nome da companhia, mas Amy sabia que essa era uma das alternativas. Ela não queria renunciar ao nome "Sonho de Jonathan", mas sabia que teria de reconhecer a generosidade da companhia. Pediu algum tempo para apresentar uma proposta.

Quando voltou na manhã seguinte, Amy tinha um plano em mãos. Sugeriu dar o nome da companhia à atração central do parque, um palco de madeira com acesso para deficientes e rodeado de bancos. Para imenso alívio de Amy, o executivo adorou a idéia: "Teatro das Crianças da United Technologies".

Assando uma torta maior

Amy e seus voluntários utilizaram uma clássica técnica da negociação: aumentar o tamanho da torta. Para compreender como funciona, imagine-se em casa na ceia do Natal. Você tem de cortar a torta da festa em oito pedaços, um para cada pessoa à mesa. De repente, sua irmã e família chegam de surpresa. Enquanto todos trocam abraços e beijos, você pensa na sobremesa: se tentar cortar a torta em doze pedaços, as fatias serão minúsculas. Aí, você lembra do pote de sorvete no congelador. "Quem quer um pedaço de torta e quem quer sorvete?", você grita alegremente. E, exatamente como imaginava, as crianças escolhem o sorvete e todo mundo fica contente.

Se Amy se limitasse às duas alternativas conflitantes – dar a todo o parque o nome de seu filho ou dar todo o crédito à United Technologies –, alguém teria se levantado da mesa morrendo de fome. Ao apresentar uma opção nova – dar nome ao teatrinho das crianças –, ela conseguiu satisfazer as duas partes. E, se aparecesse algum outro grande doador, ela ainda teria o que oferecer: o setor Balanços e Escorregas.

Ter empatia com o inimigo

É muito fácil ter empatia com pessoas de quem gostamos e que possuem os mesmos valores que nós. Mas a empatia também ajuda em encontros mais azedos. Maura Abeln é uma competente advogada especializada em direito empresarial. Usando sua empatia, ela obteve um acordo com oitenta firmas de advocacia que representavam duzentas mil queixas de empregados. Ela procura "ver as coisas do ponto de vista dos queixosos", aproveitando uma experiência de sua própria família. Seu pai, capataz de uma firma de dutos de cobre da Pensilvânia, costumava chegar em casa com os sapatos cobertos de poeira de cobre. Essa poeira tóxica deve ter contribuído para sua morte por enfisema, em 1986.

A sensibilidade de Maura em relação ao ponto de vista da outra parte inspira confiança mesmo durante uma discussão litigiosa. "Sou um grande fã dela", admite o advogado John Cooney, de Chicago. "É difícil para um advogado dos queixosos dizer isso em relação à advogada que defende a empresa."

Para influenciar o adversário, não basta admitir que ele vê o mundo de um ponto de vista diferente. É preciso sentir a força emocional com que ele acredita naquilo, aconselham os gurus Fisher e Ury. "Não basta estudá-los como besouros sob as lentes de um microscópio, é preciso saber como é ser um besouro."

Qualquer coisa que se possa fazer...

A empatia é uma característica da boazinha. Mas não comemore só porque você nasceu sem aquele cromossomo Y. É um erro imaginar que o sujeito do outro lado da mesa é um grosseirão só porque está usando gravata. Anos de pesquisas científicas revelaram que os sexos são mais parecidos do que diferentes, afirma Daniel Goleman, autor de *Inteligência Emocional*. Assim, não é de surpreender que os homens tenham capacidade de usar a empatia com o mesmo refinamento que as mulheres. A nossa cultura, porém, não os estimula a isso.

"Nas culturas ocidentais", explica Goleman, "as meninas são educadas para estarem mais sintonizadas com os sentimentos do que os meninos". Colocar-se no lugar do outro pode confundir a autoimagem masculina, pois a nossa cultura considera a empatia um traço feminino. Isso é péssimo, porque a falta de empatia deixa a pessoa em clara desvantagem na hora da negociação.

"'Quero porque quero' não funciona", adverte Leigh Thompson, professora de Administração. A ex-bancária Rosemarie Greco aprendeu essa lição há vinte e cinco anos, quando se preparava para sua primeira promoção. "Entrei com incríveis expectativas, achando que merecia dez mil dólares", lembra.

O vice-presidente executivo cumprimentou-a pelo novo posto e anunciou seu novo salário: nove mil e seiscentos dólares. "Fiquei arrasada", diz Rosemarie. Houve alguns momentos de silêncio constrangido, em que ela pensou em recusar e dar o fora. Em seguida, recobrou a razão e pediu os dez mil. O vice-presidente disse que não poderia aumentar um centavo. Ela aceitou, mas se despediu com a frase: "Você descobrirá que mereço dez mil dólares, porque lhe darei mais do que isso em trabalho." Seis meses depois, o vice-presidente lhe deu outro aumento e reconheceu: "Você tinha razão. Você vale dez mil dólares!"

Quando pensa naquele primeiro encontro, Rosemarie sente uma grande aflição porque esteve a ponto de pedir demissão, sem levar em conta as restrições orçamentárias da empresa. Se tivesse feito isso, poderia ter perdido a primeira de uma série de promoções que a levariam até a sala da presidência do banco. Felizmente, reconsiderou sua posição.

Como detectar interesses ocultos

Será que isto significa que deveríamos sempre nos colocar do outro lado, na esperança de pegar mais um pedaço daquela torta? De jeito nenhum. Em todo caso, você tem de pesar o que *você* quer e o que a outra parte pode dar em troca. Lembre-se de que a empatia é diferente da simpatia. Simpatia é definida como um sentimento de piedade e compaixão em que se adota como próprios os sentimentos do outro. A empatia não exige nem simpatia nem concordância. A empatia é uma viagem em que exploramos e descrevemos o mundo da percepção do outro sem qualquer compromisso.

Essa viagem da empatia às vezes pode nos mostrar características dos adversários, de que nem eles mesmos têm consciência. Como presidente-executiva de uma firma especializada em aquisições e fusões, Whitney Johns Martin muitas vezes percebe que os empresários que estão vendendo seus negócios querem continuar envolvidos no negócio depois da venda. Sendo os maiores especialistas do mundo em suas próprias companhias, eles pressupõem que os novos proprietários adorarão tê-los disponíveis para consultas. Não entendem que a maioria dos novos proprietários não quer o antigo patrão rodando pela empresa. Esses empresários também não se dão conta do quanto será doloroso abdicarem do controle para os novos proprietários.

Em vez de dar aos vendedores um *não* chapado, Whitney aborda o problema do ponto de vista deles: "Digo coisas como: 'Talvez você esteja pensando que desejaria continuar com a companhia, mas só se sentirá frustrado. Você está acostumado a pilotar seu próprio navio. Logo perderá o interesse.'"

A EDUCADORA EMPÁTICA

Ava era reitora de uma faculdade e adorava seu trabalho. O feliz relacionamento, porém, quase foi por água abaixo quando o conselho de curadores ofereceu um contrato que ela considerou inaceitável. Será que esse casamento poderia ser salvo? Sim, graças à capacidade de Ava de colocar-se no lugar dos conselheiros.

O contrato de cinco anos parecia muito bom. Ava receberia um salário anual de seis algarismos, mais dois grandes bônus baseados em seu desempenho – o primeiro dois anos depois, e o segundo depois de cinco anos. Mas Ava, na faixa dos cinqüenta, sabia que, se deixasse a faculdade ao final dos cinco anos, estaria velha demais para atrair melhores ofertas.

Ava sabia que ela e os conselheiros tinham interesses em comum. Eles adoravam seu desempenho, e ela adorava a instituição.

O que realmente desejava era um contrato de longo prazo, que a levaria até o final da carreira.

Primeiro, ela atacou a questão do dinheiro. Como os conselheiros eram muito cuidadosos com os recursos da escola, Ava decidiu não pedir aumento. Ao contrário, preferia que os prêmios por desempenho fossem cortados pela metade: "Não preciso de incentivo, porque não posso trabalhar mais do que normalmente trabalho." Em vez de bônus altos, queria um salário um pouco melhor para os primeiros cinco anos do contrato: "Eu sabia que eles queriam ser generosos, por isso pesquisei o que o mercado pagava e disse que poderiam me dar um pouco mais."

Ava pediu para colocarem o dinheiro do segundo bônus num contrato de ensino de sete anos, com o salário mais elevado de professor de Artes Liberais e Humanidades. Esse entraria em vigor dentro de cinco anos, quando ela se aposentaria como reitora.

Antes de apresentar sua proposta, Ava procurou prever as objeções do conselho. "Fiz o que pude para imaginar todas as questões que poderiam levá-los a dizer *não*. Eu queria mostrar que compreendia as preocupações deles e me precavi." Examinando sua oferta do ponto de vista dos conselheiros, Ava percebeu que, sem querer, incluíra uma cláusula insustentável. Se saísse do gabinete da reitoria para a sala de aula, ela seria uma presença incômoda para seu sucessor. Então, acrescentou uma cláusula estipulando um ano de licença depois que deixasse a reitoria.

Resultado: os conselheiros aprovaram a contraproposta – e todos viveram felizes para sempre.

Arma Secreta 2: Escutar o Adversário

É raro um livro sobre negociação que não martele na cabeça dos leitores a importância de escutar. Muitos livros escritos por homens partem do princípio de que escutar o que os outros têm a dizer é uma tarefa árdua. Mas, nós, boazinhas, aprendemos desde cedo a entregar nossos ouvidos para as palavras de qualquer pessoa.

Quando chega a hora de negociar, escutar pode significar mais do que usar os ouvidos – ou bater as pestanas atentamente. O psiquiatra Dominick A. Barbara faz uma distinção entre o escutar produtivo e o improdutivo: "É preciso manter a mente em um estado de alerta descontraído, aberta e flexível em relação a alterações significativas em determinada situação." Isso significa manter a calma enquanto se escuta, proporcionando a quem fala a oportunidade de apresentar todos os fatos, sem tirar conclusões prematuras.

Com apenas vinte e seis anos, Cinthya Caggiano já é diretora de vendas do Rio Marriott e uma das três mulheres que integram o comitê executivo do hotel. Ela chefia uma equipe formada por oito mulheres e apenas um homem. Cinthya subiu rápido por causa de seu talento para negociar. Ela fecha vendas para grupos de turistas estrangeiros, empresários e organizadores de eventos. Seu maior trunfo é saber escutar. "Nunca chego ao preço final sem entender exatamente o que a outra parte quer. Será que é preço? Status? Segurança? Serviços? Para fazer uma boa venda, é preciso focalizar naquilo que o cliente quer", ensina.

Os ouvintes incompetentes são como advogados de defesa hiperativos, interrompendo a toda hora o julgamento para fazer objeções ou apresentar alegações. Os bons ouvintes são como os membros de um júri que, em silêncio, absorvem as informações até o momento de tomar a decisão. A empatia e a "boa escuta" andam de mãos dadas. É preciso identificar-se com uma pessoa antes de compreendê-la.

Ainda que você pense que é boa ouvinte, talvez seja preciso mais esforço para absorver de fato a informação. Você pode estar usando sua capacidade mais para agradar quem está falando do que para beneficiar-se. Há estudos que demonstram que, em geral, as pessoas absorvem apenas metade do que é dito.

Como vencer a resistência do adversário

Se escutar atentamente, você poderá detectar informações sobre o adversário que outros perderiam. Jeanette Wagner, vice-presidente da Esthée Lauder, atribui a seus olhos e ouvidos aguçados o fato de ser uma ótima negociadora. "Se sou boa nisso, eu diria que minha capacidade de ouvir é responsável por essa vantagem", diz ela.

Há muitos anos, a competência de Jeanette para escutar ajudou a resgatar um grande negócio com os russos. Ela foi apanhada desprevenida quando voou até São Petersburgo para fechar contrato com uma empresa de navegação do Báltico. "Era uma transação em torno de uns dez milhões de dólares, e eu pensava que estava tudo certo", conta ela. "Achava que era só assinar o documento e comemorar com uma taça de champanhe." Na hora de assinarem a papelada, os russos a empurraram contra a parede. "Não assinaremos", anunciaram. "O que vocês querem dizer com isso?", ela perguntou, sem ar. "Jamais assinamos contratos. Não precisamos disso", responderam.

Jeanette respirou fundo. Seria impossível fechar um contrato multimilionário com um aperto de mãos. Sem assinatura, nada feito. "Por quê?", ela perguntou calmamente. Eles não gostavam de contratos, só isso, responderam os russos.

Com cautela, Jeanette sondou um pouco mais: "Não estou entendendo. Expliquem melhor." Ela suspeitou que eles não entendiam a linguagem do contrato, mas sentiu que só os constrangeria se perguntasse diretamente. Se conseguisse que falassem, talvez escutasse algo que lhe daria abertura para entrar na questão.

Jeanette ouviu atentamente, enquanto eles reclamavam do tamanho do contrato (que tinha apenas três ou quatro páginas, um milagre de concisão do ponto de vista de uma empresa norte-americana). Foi quando ouviu as palavras mágicas: "Se tivesse apenas uma página..."

Pelo tom em que as palavras foram pronunciadas, Jeanette sentiu que eles queriam o negócio, mas estavam intimidados com a complexidade do contrato. "Tudo bem", disse ela. "Se vocês me derem uma hora e um lugar tranqüilo, verei o que posso fazer."

"Eu sabia que, se fosse embora sem um contrato, jamais faríamos o negócio", conta Jeanette. Ela levou sua equipe para uma sala onde havia um computador e começou a trabalhar. "Cortei todo aquele jargão que só servia para encher lingüiça. Depois, afinei as margens em cima e embaixo, à esquerda e à direita, reduzi o tamanho das letras e consegui enfiar o essencial em uma folha de papel." Uma hora depois, os russos tinham seu contrato. "Assinaram e nunca tivemos qualquer problema com eles", diz ela com satisfação.

CORTE O PAPO

O primeiro passo para se escutar eficazmente é aprender a fechar a boca. A designer Charlotte Lyons tem em cima da mesa um cartaz com a palavra mágica: ESCUTE. "Ele serve para me lembrar que estou recolhendo informações. Não fico dizendo coisas que não deveria ou mostrando entusiasmo demais. Apenas escuto o que está sendo oferecido e tomo uma porção de notas."

Algumas de nós, boazinhas, tendemos a tagarelar. Falamos loucamente, só para não ter que agüentar o silêncio. É preciso fechar a boca. Mas só isso não basta. Para realmente escutar é preciso manter a mente em silêncio. Às vezes, nós nos sentimos impelidas a rebater um ponto de que discordamos e, enquanto tentamos formular uma réplica, perdemos o que foi dito.

Para escutar de maneira eficaz, aqui estão algumas dicas:

Preste atenção a cada palavra do adversário

Quando alguém diz algo que a perturba, sua tendência é interromper com um "mas, mas, mas...". É natural, mas nada inteligente. Antes de qualquer negociação complicada, Jeanette Wagner faz uma listinha dos pontos que deseja discutir e das perguntas que não podem ficar sem resposta. Depois de cada pergunta, ela deixa bastante espaço para anotar as deixas fornecidas pelo adversário. Se ele diz algo inesperado, mente ou não explica bem algum ponto, ela escuta toda a história e faz anotações antes de elaborar sua resposta.

Não interrompa

Interromper é grosseiro e incomoda muito quem está falando. A interrupção só se justifica em uma emergência. Morda a língua se for preciso, mas não fale. Se precisar de alguma prática em ouvir sem interromper, treine em casa com a família. Imponha um objetivo para si mesma: deixe seu marido contar aquela história cheia de detalhes inúteis de como ele fechou um grande negócio sem interromper uma única vez.

Sem palavras, mostre que você realmente está sintonizada

Acene com a cabeça, sorria e olhe seu interlocutor nos olhos. Quando percebe que você está totalmente envolvida no que ele diz, o outro se sente estimulado a falar o que pensa. E quanto mais você compreende o que ele pensa e seus motivos, maior a probabilidade de que você proponha um acordo satisfatório.

Ao mostrar que está escutando atentamente, você também pode abrandar um conflito. Quando se está enfurecido ou perturbado, a simples presença de um ouvinte simpático pode ser um grande alívio.

Respeite os sentimentos do outro

Fui atendida uma vez por uma simpática supervisora de contas do hospital, que me apresentou uma fatura referente a um exame de próstata que, evidentemente, eu nunca tinha feito. Ela ouviu minha explosão de protesto, sorriu e disse: "Ah, desculpe, que engano absurdo!"

No mesmo instante, eu me senti desarmada. Encontrara alguém que me entendia. É impressionante a eficácia de uma reação em apoio ao tom emocional de uma pessoa, mesmo quando discordamos dos fatos. Comentários como "sei porque você se sente assim" ou "se eu fosse você, também me sentiria assim" são uma grande ajuda para resolver uma situação delicada.

Escute para encontrar pistas

Agatha Christie fez fortuna com sua capacidade de fascinar os leitores escondendo pistas visíveis ao longo de suas histórias. Quando estiver negociando, pense em Miss Marple, a detetive astuta dos romances policiais, e escute com atenção. Às vezes, o adversário está tentando lhe dizer alguma coisa.

Ruth Ginsburg, juíza do Tribunal Superior, comenta que se surpreende com o número de advogados que não escutam quando estão apresentando seus argumentos no tribunal. Muitas vezes um juiz solidário faz uma pergunta específica, apontando uma possível falha na argumentação. Advogados espertos seguem essas pistas, enquanto que os menos experientes se mantêm presos às suas exposições. "Um defensor que se apegue demais a um roteiro preparado poderá perder essas deixas", adverte Ruth.

Preste atenção nas pausas entre as palavras

É muito importante escutar justamente o que as pessoas não dizem. "É necessário manter os ouvidos abertos para captar pistas sutis", diz Sheila Wellington, primeira mulher a assumir a secretaria da Universidade de Yale.

Enquanto esteve em Yale, ela chefiou uma série de negociações com a cidade de New Haven. Em uma das reuniões, Sheila mencionou a questão que era o pomo de discórdia entre a universidade e a prefeitura há pelo menos uma década. Duas ruas da cidade atravessavam o campus, e a universidade desejava fechá-las ao trânsito, mas os funcionários da prefeitura vetavam a idéia. Sheila mencionou que a universidade poderia pagar generosamente pelo fechamento das ruas. "Fiquei atenta", diz ela. "Eles não deram um *não* imediato. Dava para se ouvir um mosquito voando. Pensei comigo 'ganhei essa!'."

Sheila deixou passar algum tempo e levantou de novo a questão. A prefeitura aceitou discutir o caso. "Manter as ruas abertas ao trânsito tinha menos valor para a cidade do que o dinheiro que Yale estava disposta a dar. Foi uma grande descoberta, a pedra de toque do nosso acordo."

Escute o espírito, não apenas as palavras

A empresária da Internet Susan DeFife perdeu um bom negócio porque permitiu que o ego tampasse seus ouvidos. Na época, ela discutia uma parceria com uma empresa não muito maior do que a sua. Tudo corria bem até que o presidente da outra companhia disse uma frase que a deixou arrepiada: "Queremos ajudá-la a ir em frente."

Susan achou que aquelas palavras soavam como se ele estivesse usando sua autoridade e fazendo concessões, sem reconhecer o quanto estaria ganhando na fusão. "Creio que nós dois precisamos sentir que estamos tendo vantagem com esse negócio", retrucou ela.

Mais tarde, Susan percebeu que aquela resposta incisiva ofendera o sócio em potencial. Ele saiu do negócio, alegando que ela não tinha a flexibilidade necessária para uma boa parceria com a empresa dele.

"Aquilo me abriu os olhos", diz ela. "Gostaria muito de ter compreendido o que estava sendo dito ali." Em vez de reagir como se fosse um insulto, ela preferia ter dado uma resposta mais neutra, como: "O que você quer e como posso ajudar nisso?"

Escute para encontrar pontos de acordo

Tome nota de cada ponto em que os interesses das partes se sobrepõem. Quando chegar sua vez de falar, você poderá começar a partir desses pontos.

Se você faz parte de um grupo, designe alguém só para escutar

Todos no grupo devem manter os ouvidos abertos. Entretanto, se uma pessoa do grupo estiver livre da tarefa de responder, ela terá maior capacidade de concentrar-se para obter todas as informações importantes que o adversário procura transmitir.

Escute as idéias inovadoras

A negociação é muito interessante quando as partes envolvidas criam algo de novo – uma solução que ninguém teria imaginado sozinho. Se não houver abertura para as idéias da parte contrária, oportunidades de ouro podem ser perdidas.

Quando a outra parte terminar de falar, morda a língua por um momento

Não se apresse em falar assim que houver uma pausa. Com um pequeno silêncio inesperado, alguém pode acrescentar algo que não havia planejado dizer. Esses comentários podem ser os mais reveladores.

Esclareça, depois repita os pontos essenciais para o seu adversário

Quando chegar sua vez de falar, não comece discutindo o ponto de vista do adversário. É melhor começar com perguntas destinadas a esclarecer o que foi dito, como: "O que você queria dizer com...?" ou "Será que eu entendi você dizer...?". Quanto mais distantes as partes estiverem, mais importante será confirmar se o que uma disse foi escutado e compreendido pela outra.

Lembre-se: escutar é diferente de ceder

Dominick Barbara escreve: "O bom ouvinte deve acreditar em si antes de esperar que os outros acreditem nele. É preciso acreditar no valor de suas próprias idéias e sensações e ser honesto consigo e com os outros. Também é preciso assumir a responsabilidade por seus atos e reconhecer as próprias falhas. Com isto, escuta-se com força interior e convicção."

ARMA SECRETA 3: A INTERPRETAÇÃO DE PISTAS NÃO-VERBAIS

Anne Pope, hoje comissária do Departamento de Comércio e Seguros do Tennessee, uma vez marcou muitos pontos "escutando" com os olhos e com os ouvidos. Ela era advogada de um empresário que queria vender sua companhia e o acompanhou a uma reunião com um possível comprador que estava fazendo jogo duro. "Ele dizia que não precisava comprar a companhia", lembra Anne. Só que a advogada observou que ele falava agarrando com força os braços da cadeira em que estava sentado.

Assim que percebeu o quanto o comprador estava realmente ansioso, a equipe mudou toda a estratégia. O vendedor não abriu mão do preço pedido e fechou um ótimo negócio.

Especialistas em comunicação não-verbal afirmam que apenas 35 por cento do que é comunicado são transmitidos por nossas palavras. O resto do recado está nos gestos, na expressão do rosto e no tom da voz.

Estudos provam que as mulheres têm uma habilidade especial para entender a linguagem não-verbal. Isso não é novidade para Christine James-Brown, presidente da United Way. Ela presta muita atenção nas deixas sutis que surgem durante uma negociação. Se um adversário se inclina na direção oposta a ela, por exemplo, pode ser um sinal de que alguma coisa esteja errada. Se ele cruza os braços, ela presume que ele não se sente à vontade e está erguendo uma barreira.

Num caso em que o executivo cruzou os braços, Christine percebeu que ele se sentia inseguro em relação a um projeto, porque não conhecia muito bem aquele setor. "Não se preocupe", disse, para tranqüilizá-lo. "Nós providenciaremos todas as informações de que você precisa." O executivo se acalmou e a conversa foi retomada.

Durante a negociação, Christine se sente estimulada por pequenos indícios de que a outra parte está pronta para dar um passo em sua direção. "Às vezes, eles verbalizam, dizendo que fizeram uma votação em particular. Ou, então, murmuram apenas hummmm!" Outras vezes, um simples gesto basta para mostrar que estão aceitando o que ela diz. Quando um negociador tenso, que fica inclinado sobre a mesa, de repente relaxa e se encosta na cadeira, Christine começa a comemorar: "Sei que ele começou a ceder!"

VENDENDO A SUA CASA

Você se lembra do dia em que se mudou para sua casa? Enquanto seu marido arrastava cadeiras pela sala de jantar, você esfregava loucamente a geladeira e forrava as prateleiras. Por fim, exausta, pediu uma pizza gigante por telefone e desmoronou. Aí, seu marido apareceu com uma placa pintada à mão em que se lia: "Lar dos Smith-Jones." Quando a placa foi pendurada ao lado da porta da frente, vocês se sentiram realmente em casa.

Hoje, anos depois, você está se mudando com a família para um novo lugar e uma vida nova. Você se sente animada e assustada com todos os problemas que terá pela frente – a começar pela venda de sua querida casa. E tenta imaginar como encontrar um comprador que venha a gostar dessa casa tanto quanto você.

Nosso primeiro conselho é: *livre-se daquela placa!*

Esse é o problema quando as boazinhas tentam vender sua casa. Na parede da cozinha estão as marcas das alturas das crianças nos dias dos aniversários, as paredes dos quartos são adornadas por desenhos de seus filhos. Em tudo isso você vê o adorável lar de uma família. Mas o que o comprador enxerga é uma casa em estado calamitoso, precisando de uma boa mão de tinta.

No momento da venda, você terá de fazer uma clara distinção mental entre a sua casa e o seu lar. O lar, com todas as suas memórias, não tem preço. Mas a casa é um investimento imobiliário, com um preço de mercado a ser determinado por um comprador hábil e disposto. Deixe de lado suas emoções e trate da venda da casa.

Primeiro, chame o time das boazinhas

Peça a alguns amigos para olharem a casa com olhos de comprador, apontando as coisas que devem ser retiradas ou modificadas. Depois, consulte pessoas de confiança para lhe indicarem bons corretores. Avise ao maior número de amigos que a casa está à venda.

Despersonalize a casa

Uma compradora terá de se imaginar vivendo na sua casa, o que será bem mais fácil se ela não tropeçar em fotos da família e recordações em cada canto. Seu objetivo é deixar a casa como uma pousada: acolhedora, mas ligeiramente impessoal. Acabe com a bagunça. Todo espaço horizontal deve estar livre de objetos, exceto um par de castiçais lindamente arranjados ou um vaso com margaridas.

Acentue o positivo, elimine o negativo

Descubra o aspecto mais atraente de cada peça da casa e faça algo para acentuá-lo. Se as janelas do quarto principal são grandes e bonitas, tire as cortinas pesadas e deixe entrar a luz do sol. Os compradores se lembrarão do lindo quarto de dormir cheio de luz.

Conserte aquilo que pode causar má impressão. Não faz muito tempo, Beth visitou uma enorme casa, e o proprietário lhe chamou a atenção para um cano quebrado no banheiro principal. Beth ficou espantada: "Eles estão pedindo quase um milhão de dólares pela casa... e o conserto deve custar menos de duzentos dólares!"

Pense como um comprador

Você ainda se lembra dos incríveis momentos de tensão na

compra de sua primeira casa? Muitos de seus compradores provavelmente estarão nessa mesma situação. Use a sua empatia e faça o que puder para diminuir a ansiedade desses possíveis compradores. Liste todas as melhorias que fez na casa. Se possível, anexe a essa lista todos os certificados de garantia e manuais de instrução, mais as cópias recentes de contas de luz, gás e telefone. Se a casa tem um problema que você não conseguiu ou não está a fim de resolver (por exemplo, aquele infame encanamento da banheira), peça orçamento para os três melhores bombeiros dos arredores para ter uma estimativa do custo desse conserto e junte esses orçamentos às anotações. Isso mostrará ao comprador que você é uma proprietária organizada e confiável.

Verifique a concorrência

Examine todas as casas dos arredores que estejam à venda por preço equivalente. Pergunte a seus botões o que faria alguém preferir a sua casa e não aquela da outra esquina. Antes de abrir a porta para o comprador, coloque no forno aquele cheirosíssimo bolo de chocolate. Pense na possibilidade de instalar umas prateleiras a mais no armário embutido ou uma mesinha dobrável (não custa muito caro) na cozinha. Também será barato botar uma jardineira cheia de vasinhos de temperos debaixo da janela da copa ou clarear o banheiro com uma nova cortina no chuveiro. Esses toques ajudarão a destacar a sua casa das concorrentes.

Seja hospitaleira

Quando você está vendendo sua casa ou seu apartamento, pode sentir os potenciais compradores como inimigos. Eles invadem seu lar, avaliam suas coisas queridas e eventualmente as desprezam. É natural que você fique na defensiva. Coloque-se, então, no lugar dessas pessoas, dispostas a dar uma bela quantia pela casa – que tem todos aqueles defeitos que só você conhece. Elas estão sentindo a mesma ansiedade e expectativa que você experimentou quando estava procurando sua casa. Acolha-os com simpatia.

Escute

Agüente firme e escute o que dizem compradores e corretores, para poder dar a resposta adequada. Se estão assustados com o imposto territorial, informe-os sobre a infra-estrutura do bairro e o maravilhoso parque logo ali na esquina. Se uma compradora resmunga dizendo que a cozinha é muito pequena para a mesa maravilhosa que ela tem, isto é sinal de que mentalmente ela já está se mudando. Portanto, em vez de fechar a cara, pegue a trena para encontrar um bom lugar para a tal mesa, ou mencione a possibilidade de trocá-la pela sua linda mesinha dobrável... claro, sujeito a uma negociação.

Mantenha a calma

Não tome nenhuma decisão precipitada. Se o comprador pechinchar, peça-lhe para colocar sua proposta por escrito e diga que vai pensar. Se você trabalhar de boa-fé e utilizar todas as suas habilidades, a experiência pode ser agradável para todos e você ainda conseguirá o melhor preço possível para a sua casa.

ARREBENTE A BOCA DO BALÃO: COMO OBTER O SALÁRIO QUE VOCÊ MERECE

Quando eu era adolescente, sonhava em ser repórter da revista *Time*. Minha mãe havia trabalhado lá e eu adorava ouvir as histórias dela sobre os colegas e as pessoas glamourosas que tinha entrevistado.

Imagine a minha excitação quando a *Time* me ofereceu um emprego como repórter. Fiquei tão animada que nem me lembrei de perguntar quanto me pagariam. Eu estava certa de que o meu trabalho logo me lançaria ao topo da lista dos mais bem pagos.

Eu realmente adorava aquele trabalho. Durante seis anos, fiz a cobertura de negócios e entrevistei muita gente famosa. E, a cada ano, eu recebia um pequeno aumento.

Ainda lembro o ritual da revisão salarial. Betty, minha supervisora, me chamava até seu imenso escritório e me entregava um quadradinho de papel colorido. Nele, escrevera claramente meu salário anterior, o aumento-padrão negociado pelo sindicato, mais um percentual por mérito. No final, vinha o magnífico total. A cada ano, eu olhava para aqueles números, sorria mansamente, dobrava o papelzinho e agradecia educadamente. Nunca me perguntei por que os números eram escritos a lápis – que, como se sabe, é muito fácil de apagar.

Quando penso, mal consigo acreditar que nunca sequer me passou pela cabeça a idéia de negociar um salário mais alto. Creio que temia parecer ambiciosa ou ingrata. Também não tinha a menor idéia do lugar que ocupava na escala dos salários. Eu pressupunha estar bem perto do topo, mas nunca me dei ao trabalho de investigar (o que é ainda mais embaraçoso porque eu era uma experiente repórter!). É bem provável que você saiba de algumas histórias de "negociações" salariais semelhantes. Quando Beth conseguiu seu primeiro emprego num jornal local, o diretor administrativo anunciou o salário inicial: duzentos e dois dólares e vinte centavos. Ela fez que *sim* com a cabeça, muito polidamente. "Ótimo. Duzentos e dois dólares e vinte centavos por mês", repetiu. "Não, por semana", replicou o diretor desconcertado.

Não se desespere só porque você fez negociações salariais atrapalhadas no passado. Pense na sua carreira como um trabalho em andamento. Até agora você se concentrou em aperfeiçoar seus conhecimentos e a entrar em contato com pessoas do mercado. Agora está na hora de começar a ganhar o dinheiro que você merece.

O QUE A ESTÁ DETENDO?

Pergunte a uma boazinha por que seu salário é tão baixo e provavelmente receberá uma porção de explicações: ela escolheu trabalhar num campo mal remunerado, mas, socialmente responsável, está mais preocupada com a família do que com a carreira ou está mais interessada na expressão criativa do que no ganho material.

Desculpe. Não engolimos nenhuma dessas desculpas. Já dissemos essas mesmas coisas em algum momento de nossas vidas. No fundo, estávamos apenas com medo. E se *eles* dissessem que não merecíamos mais?

Está na hora de acabar com isso. Não se trata do quanto vale sua mente ou sua alma. Seu salário não tem nada a ver com isso, é apenas uma expressão do seu mérito profissional em um mercado capitalista, baseado na demanda e na oferta. E por mais que os tempos sejam duros, a oferta de trabalhadoras espertas, honestas, dedicadas e esforçadas como nós sempre é limitada.

Tenha em mente que seu valor aumentará se você mostrar aos seus novos empregadores que está preparada para negociar. Num levantamento realizado entre *head-hunters* de grandes empresas e funcionários de departamentos de recursos humanos, a especialista em negociação salarial Robin Pinkley perguntava se eles se interessariam mais por candidatos que: 1) negociassem de maneira profissional; 2) aceitassem a proposta sem discussão; 3) apresentassem uma série de exigências salariais. Ela descobriu que 80 por cento escolhiam o candidato da primeira alternativa.

Prepare-se para entrar no mercado pedindo o que você merece.

PREPARE-SE

Cada vez que pensa em pedir um aumento você sente aquele frio na barriga? Para se acalmar, faça sua lição de casa. Primeiro, é fundamental conhecer o plano de cargos e salários da empresa onde você trabalha ou pretende trabalhar. Há várias maneiras de conseguir a informação, seja consultando o Departamento de Recursos Humanos, seja conversando com colegas de trabalho. Procure saber com seus amigos e contatos os benefícios disponíveis e as armadilhas que devem ser evitadas.

Depois de ter um bom panorama do mercado, examine com rigor sua capacidade. Autor de um best-seller sobre negociação salarial que ensina a ganhar mil dólares por minuto, o consultor Jack Chapman conta que uma de suas clientes, uma engenheira da indústria de gás, tinha um talento especial para diagnosticar problemas nas fábricas da companhia. Por isso, era enviada a todos os cantos do país. Cada vez que resolvia uma crise, seus empregadores lhe davam um dia de folga para fazer turismo onde quer que estivesse. "Ela achava maravilhoso", diz Chapman.

Contratado para aconselhá-la, Chapman pediu que ela calculasse quanto dinheiro sua habilidade para detectar problemas economizava anualmente para a companhia. Conseguindo colocar as fábricas em ação em tempo recorde, ela poupava milhões de dólares em vendas perdidas. De repente, a empresa já não parecia tão generosa. Na revisão salarial seguinte, a engenheira apresentou seus cálculos e pediu um baita aumento – quarenta mil dólares – e uma promoção. Conseguiu os dois.

Pense bem em todo o pacote que a empresa lhe oferece. Os empregadores são capazes de distrair seus funcionários com benefícios baratinhos na esperança de que eles não reparem na miséria dos salários. Em uma inesquecível entrevista de emprego, o chefe do departamento disse para Beth que, embora o salário não fosse lá muito alto, todas as garotas do escritório tinham um dia de folga em dezembro para suas compras de Natal. Beth foi rápida: "Com que dinheiro?"

Ensaie o roteiro certo

Depois de ter resumido toda a sua pesquisa num pacote curto e convincente, está na hora de pegar o roteiro e começar a ensaiar até saber de cor.

Pode parecer ultrapassado. É bem provável que você se sinta uma idiota olhando para o espelho, repetindo com firmeza: "Dona Teresa, fiz uma pesquisa sobre os salários do setor e penso que um aumento de 12 por cento levaria minha remuneração a um nível competitivo." Você terá de se dar conta de que ensaiou essa cena a vida inteira – apenas tinha o roteiro errado. Mais de mil vezes deu ouvidos àquelas vozes interiores que lhe diziam para não pedir demais, com medo de terminar de mãos vazias. As mulheres tendem a se concentrar apenas na pior das hipóteses, imaginando cenas de horror nas entrevistas de emprego ou nas relativas a salários e sentem-se derrotadas antes de começar. No momento em que entra na sala, você já resolveu que não serve, que eles não a querem e que terá sorte se, pelo menos, a deixarem fazer o serviço de limpeza.

De modo que será preciso ensaiar bastante, com uma voz alta e segura que afogue essas críticas interiores que têm evitado que você consiga o que merece.

Elizabeth Gray utilizou muito bem esse conselho quando se candidatou a um emprego de analista empresarial na Dell Computer. Seu marido já trabalhava na empresa, de modo que Elizabeth conhecia – até o último centavo – a escala salarial. Embora não se sentisse muito à vontade para perguntar em que categoria entraria, Elizabeth estava decidida a não permitir que suas vozes interiores estragassem sua chance. "Em minha pesquisa sobre as faixas salariais, eu estava sempre lendo que as mulheres subestimavam seu próprio valor." Assim, ela repetia sem parar: "Eu gostaria de receber sessenta e dois mil dólares por ano." Quando chegou a hora, ela pediu aquela cifra "absurda". Terminou com sessenta mil dólares – treze mil a mais do que recebia como funcionária municipal. Ficou de queixo caído.

A experiência de Elizabeth ilustra a descoberta da professora Leigh Thompson em uma pesquisa recente. Quando diziam claramente para as alunas que não se esperava que elas se dessem bem, Leigh descobriu que elas melhoravam seu desempenho. Embora advertindo ser essa uma pesquisa preliminar, a professora tem a teoria de que esses lembretes talvez ajudem as mulheres a pensar: "Vocês vão ver do que sou capaz."

Antes de entrar na reunião, pare um minuto, respire fundo algumas vezes, sinta seus pés bem plantados no chão, coloque um sorriso discreto nos lábios, levante a cabeça e repita para si mesma: "Eles acham que eu não consigo, mas eu vou conseguir!" E vá em frente, dizendo firme e serenamente a sua verdade.

Simplesmente não diga nada

Depois de decidir o que você quer, a etapa seguinte é incrivelmente difícil – e absolutamente simples: feche a boca.

Quando terminar de pesquisar e de ensaiar, é provável que você se sinta muito preparada e deixe escapar a sua exigência salarial à menor provocação. Só que nesta hora você tem de fechar a boca e escutar o que o seu empregador (ou futuro empregador) tem a dizer. Sim, você sabe exatamente o que pretende, mas espere até que apareça uma proposta em cima da mesa.

Se está atrás de um novo emprego, a sua prioridade deve ser descobrir se essa companhia serve para você. Não fale em salário até o entrevistador abrir a questão. Mesmo assim, tenha cuidado com o que diz. Se ele pergunta qual é a sua expectativa salarial, não apresente um número. Se a sua proposta estiver abaixo do que eles podem oferecer, você estará negociando contra si mesma. E, se visar alto demais, talvez esteja se enforcando ali mesmo.

Normalmente, não é inteligente revelar quanto você está ganhando, em especial quando ganha pouco. Se for pressionada a declarar uma cifra, alguns especialistas sugerem que você apresente uma faixa – "entre tanto e tanto" – e acrescente que está procurando uma remuneração melhor, considerando sua experiência. Se um possível empregador quiser manter você no escuro em relação ao panorama financeiro, é bom pensar seriamente se você quer mesmo trabalhar com alguém assim.

Depois de receber uma proposta, siga a recomendação de Chapman: não diga nem sim nem não. Limite-se a repetir o número e calar a boca. Se você não disser nada, o entrevistador poderá pensar que você aceitou ou que é tímida demais para falar em dinheiro. Se repetir, ele saberá que você escutou e ficará receoso de que esteja decepcionada. É quase certo que isso leve a uma pausa aflitiva na conversa. No entanto, nesses segundos (ou minutos, se você agüentar), o entrevistador estará pensando no que acontecerá se você estiver tão decepcionada que desista da companhia. É provável que ele preencha o vazio com uma proposta melhor.

Se a proposta for baixa demais, é hora de fazer a sua pesquisa funcionar. Explique o que você considera justo, com base nos salários vigentes, no seu currículo e nos seus pontos fortes. Pergunte como ele chegou à cifra proposta – a resposta poderá levar a uma discussão mais franca de como encontrar uma solução que venha a satisfazer as necessidades das duas partes.

LEVE A SUA MAPAN

Nunca entre em uma negociação salarial sem uma boa MAPAN (não esqueça: essa é a sigla de Melhor Alternativa Para um Acordo Negociado). Se você pede um aumento no emprego e não recebe, o que fará? Vai começar a procurar um novo emprego? Não se esqueça de que jamais é bom sinal quando uma empresa não pode ou não quer pagar o que você merece. Pode significar que o supervisor não está contente com seu trabalho ou que o orçamento está tão apertado que não há espaço nem para recompensar os melhores empregados. Em qualquer uma dessas opções, você precisa pensar no futuro. (Bom, não entre em pânico. Se você está apenas um tantinho mal remunerada e, por outro lado, bastante satisfeita com seu trabalho, já tem uma boa MAPAN: aproveite o que tem e comece a pensar na revisão salarial do ano que vem.) Você precisa fazer uma escolha consciente baseada em informações sobre o que é melhor para você hoje e nos próximos dez anos.

Naturalmente, a melhor alternativa é uma boa proposta de emprego. Ainda que você goste muito do seu, seria inteligente seguir o exemplo de nossa amiga Maureen. Embora esteja satisfeita com seu trabalho de editoração em uma revista *on-line*, ela faz duas entrevistas de emprego a cada ano. Dessa maneira, ela se mantém a par das faixas salariais vigentes e sempre deixa opções em aberto na hora do aumento. No mínimo, faça uma lista de possíveis empregadores com os quais poderia entrar em contato se resolvesse mudar – você se sentirá melhor.

Peça um tempo para pensar

Muito bem, você recebeu a proposta. Está impressionada e aliviada, pronta para sair pulando e gritando: "Ooobaaa! Maravilhoso! Ótimo!" Sim, é claro, você não conseguiu exatamente a quantia que esperava ou teve de renunciar à semana de férias, mas está cansada de procurar um emprego, cansada de se preocupar com a falta de dinheiro. Todas as fibras de seu ser estão berrando: "Pegue! Agarre esse emprego!"

Não escute. Ao contrário, dê um sorriso luminoso, diga "muito obrigada" e peça alguns dias para pensar no assunto. Sente-se com uma amiga de confiança e examine a proposta de cabeça fria. Juntas, vocês podem encontrar uma estratégia para melhorar seu salário ou até mesmo perceberem que a proposta é melhor do que inicialmente parecia!

Minha amiga Katrina usou, sem querer, essa manobra, no ano passado. Ela e o marido moravam em Los Angeles, mas o elevado custo de vida estava devorando os salários dos dois. Aí, Katrina começou a procurar um emprego em sua cidade natal. Depois de meses, finalmente obteve uma proposta. Não era grande coisa, mas aceitável. "Tenho de conversar com meu marido", disse ao entrevistador, com muita sinceridade. "Neste momento, ele está na estrada, por isso talvez eu precise de uns dois ou três dias para conseguir entrar em contato."

Ela voltou para Los Angeles revisando mentalmente a proposta. Quando entrou em casa, a luzinha da secretária eletrônica estava acesa. Era um recado do empregador em potencial: "Será que uns três mil dólares a mais facilitariam sua decisão?" Claro que facilitaram, e hoje ela está muito contente de volta à sua cidade.

Por escrito

Quando você finalmente conseguir a proposta de seus sonhos, peça para colocar tudo no papel. Se recebeu um contrato de emprego, examine-o com todo o cuidado, verificando se ele reflete o acordo feito. Se a sua chefe prometeu uma revisão salarial dentro de seis meses, não pressuponha que ela se lembrará nem que ela ainda estará no posto. Aprenda com a experiência de nossa amiga Serena. Quando estava no quarto mês de gravidez, um amigo a recomendou para trabalhar como redatora de uma grande agência de publicidade. Apesar da barriga, ela resolveu tentar. O supervisor era um cara maravilhoso. Ao ver alguns trabalhos de Serena, olhou-a bem nos olhos e perguntou: "O que temos de fazer para convencê-la a vir trabalhar conosco?" Impressionada, ela pediu um salário numa faixa intermediária e um horário flexível depois do nascimento do bebê. "Nenhum problema" , disse ele. Apertaram as mãos, e Serena começou a trabalhar na segunda-feira seguinte.

Durante um ano, tudo foi incrível. Até que a agência foi vendida e o abençoado supervisor de Serena, decapitado. Algumas semanas depois da mudança, a nova supervisora a chamou. "Parece que você está tendo um sério problema de presença", disse a mulher com uma voz gelada. Atônita, Serena gaguejou que continuava trabalhando em casa dois dias da semana com plena aprovação de seu chefe. "Não temos registro de qualquer acordo desse tipo no seu cadastro", retrucou a supervisora asperamente. "Espero que você esteja aqui todos os dias às nove da manhã como todo mundo." Decepcionada, Serena pediu demissão naquele instante.

Fique atenta: se não estiver escrito e assinado, não é um acordo. Seu relatório de negociação não precisa ser um imponente documento jurídico. Certifique-se apenas de que os pontos mais importantes estejam enumerados e que a assinatura de seu chefe esteja escrita muito claramente no final.

NEGOCIANDO EM EQUIPE

Centenas de jardins comunitários brotaram milagrosamente em terrenos baldios de Nova York, para a alegria das associações comunitárias. Contudo, o prefeito Rudolf Giuliani achou que seria melhor para os nova-iorquinos que aqueles espaços fossem usados para a construção de habitações populares. Quando o prefeito anunciou um plano para leiloar mais de uma centena desses jardins comunitários, Bette, uma mulher profundamente envolvida na melhoria do ambiente urbano, se enfureceu. Ela tinha acabado de criar o Projeto de Restauração de Nova York e começado a trabalhar com outros grupos ambientais da cidade.

Como o prefeito Giuliani se fez de surdo, os ambientalistas se prepararam para conquistar a simpatia do público. Fizeram protestos e se vestiram de tomate, girassol e joaninha para atrair a imprensa e a relutante atenção da prefeitura. Com o leilão iminente, Bette ligou para o gabinete do prefeito e disse: "Muito bem, me sinto como se estivesse amarrada aos trilhos e o trem estivesse se aproximando. O que devo fazer?"

A resposta não foi muito animadora. Se ela conseguisse um total de quatro milhões e duzentos mil dólares, a cidade ficaria muito satisfeita em vender a terra aos ambientalistas. Os ativistas arregaçaram as mangas. Bette obteve a doação de um milhão de dólares do Projeto de Restauração de Nova York, e outra organização ambiental entrou com mais três milhões de dólares. Para chegar ao elevadíssimo preço pedido pelo prefeito, Bette tirou duzentos e cinqüenta mil dólares de seu próprio bolso. O esforço conjunto poupou cento e doze jardins.

Táticas de equipe

Estudos apontam que as negociações em equipe têm maior probabilidade de chegar a soluções do tipo ganha-e-ganha. Mesmo que você esteja fazendo um vôo solo, estará em melhor situação se houver mais gente do outro lado da mesa. Quando há mais de duas pessoas envolvidas, em geral, a comunicação é melhor entre as partes, aumentando suas chances de encontrar uma solução criativa e satisfatória. Tenha em mente algumas regrinhas básicas para o grupo se manter unido quando tiver de negociar.

Comuniquem-se

Uma boa estratégia de comunicação ajudou os ativistas de Nova York a salvarem os jardins. As pessoas mantiveram contato pela Internet através de boletins informativos e de um jornalzinho criado especialmente para cobrir a crise.

A comunicação é especialmente importante quando o outro lado tenta uma estratégia de separar para conquistar. É muito comum que negociadores hábeis se aproximem de cada adversário em separado, apresentando o ultimato: "Todo mundo já assinou. Se não concorda, você está fora."

Não briguem em público

É provável que haja diferenças entre os membros da equipe. Por isso, juntem-se antes de entrar na sala de negociação e decidam o que querem, o que precisam e a que estão dispostos a renunciar. Quando a negociação estiver em andamento, talvez seja necessário recuar e fazer uma reavaliação exata do que todos querem. Peçam uma pausa para discutir e, eventualmente, "quebrar o pau" em particular.

Cada um com seu papel

Decidam quem fará o quê. Vocês precisam de um negociador mais flexível e de outro mais duro? Alguém assumirá a liderança na negociação? Quem irá apenas observar e tomar notas? "Sejam brutalmente sinceros em relação aos pontos fortes e fracos dos membros da equipe", recomenda Ann Pope, advogada e experiente negociadora de equipe. "Decidam qual será o papel de cada um e se atenham rigorosamente à decisão do grupo."

Ensaiem

Repassem juntos toda a apresentação antes de a sessão começar. Se alguém estiver com dificuldades em executar sua função, a equipe deve pensar na possibilidade de fazer uma troca de papéis ou criar um plano de retirada. Por exemplo, se o especialista em finanças está se atrapalhando nas explicações, esperem até ele fazer uma pausa. Aí, digam que concordam com o que ele diz e repitam tudo numa linguagem mais simples.

AS DICAS DE UMA SUPEREXECUTIVA

Quando pensa numa executiva poderosa, qual é a primeira imagem que lhe vem à cabeça? Provavelmente não é a de uma boazinha. Talvez imagine um tipo grandalhão uma mulher fria e durona. Por quê? Será que aptidão para os negócios e suavidade são incompatíveis? Com certeza, não. O melhor exemplo disso é Marluce Dias da Silva. Aos cinqüenta e um anos, a diretora-geral de TV e Entretenimento das Organizações Globo é uma das executivas mais poderosas do Brasil. Tem sob seu comando não só a TV Globo – um gigante que fatura mais de quatro bilhões de reais por ano e tem cerca de 60 por cento de *share* da audiência nacional no horário nobre – como também a Globosat, a Globo.com, a Som Livre e a Globo Filmes.

Marluce, no entanto, exerce o poder de maneira firme e delicada. Fala baixinho, está sempre sorrindo, escuta com atenção o que os outros têm a dizer e se preocupa em criar um clima agradável durante as negociações. Se faz uma reunião de trabalho com o alto escalão da Globo em sua casa, procura servir o prato preferido de cada diretor. Se está recebendo um grupo de empresários europeus para fechar algum acordo importante, faz questão de que eles experimentem um delicioso cozido.

Extremamente discreta, a executiva não gosta de falar sobre os grandes contratos que fechou, como a venda de 30 por cento da Globo.com para a Telecom Itália. Um negócio excelente, que rendeu às Organizações Globo oitocentos e dez milhões de dólares e – o melhor – com pagamento em dinheiro! Mas ela aceitou contar duas histórias interessantes que ajudam a entender os princípios fundamentais de uma boa negociação.

"Aprendi muito ouvindo pessoas mais velhas contando histórias. Agora, estou aqui, mais velha, com algumas histórias para contar e com a esperança de que alguém possa aprender alguma coisa com elas", diz Marluce. Confira abaixo:

História I

"Eu estava com o meu filho de seis anos (hoje com vinte e cinco) numa feira de animais dessas que têm de tudo, de pintinhos a cavalos. Ele adorava bichos. Dizia que ia ser veterinário. Hoje, ainda curte animais, mas é fera mesmo em informática. Paramos em frente a um expositor de cães. O Rodrigo se encantou por um filhote de Rottweiller que uma mulher muito elegante segurava no colo enquanto tentava convencer o proprietário do cãozinho a reduzir o preço.

O expositor argumentava que aquele preço era irredutível, que já era inferior ao valor de mercado de um filhote com aquela linhagem. A mulher, meio cansada de discutir, disse algo do tipo:

– O senhor me desculpe, mas esse preço é um absurdo. Este cachorro não vale isso de jeito nenhum.

O Rodrigo, que não tirava os ouvidos da conversa nem despregava os olhos do filhote, reagiu, indignado:

– Ah, vale! Vale sim! A senhora é que não tem dinheiro para comprar. Se a minha mesada der para comprar, eu compro... Dá, mamãe?

Claro que não dava, mas o expositor ficou encantado com a defesa apaixonada do garoto.

– Você já viu esse outro filhote aqui? – perguntou o expositor, enquanto entregava um outro cãozinho para ele segurar.

Aborrecida, a mulher agradeceu, devolveu o animal e saiu. O

expositor entregou, então, o filhote de Rottweiller ao Rodrigo. Ele estava radiante carregando o filhotinho e me fazendo mil propostas para comprá-lo:

– Mãe, eu junto minha mesada e pago tudo para você depois, mas compra, vai... ele é lindo, compra, mãe, compra, por favor.

O proprietário, que pouco antes dissera que o preço do animal era irredutível, me perguntou quanto eu podia pagar por ele. Acabamos fechando o negócio. O proprietário ficou visivelmente feliz. O Rodrigo me achou a melhor mãe do mundo."

HISTÓRIA 2

"No meio do ano passado, uma equipe da TV Globo viajou ao Marrocos para as gravações da novela *O Clone*. No intervalo das gravações, a equipe visitou a Praça de Fes, onde fica o alegre mercado que eles chamam de Casbah. É um templo de cores, aromas e sons. Os árabes – acenando e oferecendo, em seu péssimo inglês, lindas peças de ouro, sensuais roupas de seda e especiarias – compõem uma verdadeira celebração à arte de vender e comprar, ao jogo da barganha.

Uma das atrizes presentes encantava-se com tudo. E tal era o seu encanto, que comprava o que lhe era oferecido sem sequer negociar. E tantas foram as compras que ficou impossível carregá-las consigo. O vendedor, então, acertou que iria ao seu hotel mais tarde, para levar os produtos comprados.

Ao anoitecer, quando descansava no hotel, a atriz recebeu uma chamada da recepção dizendo que o tal vendedor estava lá embaixo e precisava falar com ela. A atriz pediu que o *concierge* fizesse a gentileza de receber as mercadorias. Não era preciso nem conferi-las. Era só receber. O árabe insistiu. Ele precisava falar com ela. A moça tinha de descer. Como ela não quisesse fazê-lo (estava morta de cansaço... a rotina de gravações no exterior é alucinante, exaustiva mesmo!), ele foi contundente:

– Avise à senhora que ela tem de descer. Ela pagou o preço errado. Eu tenho de explicar. Não posso deixar as mercadorias aqui, assim.

Ela desceu a contragosto, preparada para não se deixar explorar por aquele vendedor inescrupuloso, que pretendia aumentar preços de produtos já vendidos. Ele a recebeu sorridente e com o mesmo ar de negociante sedutor com o qual a havia cercado no mercado:

– A senhora comprou tantas coisas, tantas peças lindas. Elas têm um valor inestimável. Veja esta, é histórica, muito antiga, não há outra peça igual em todo o Marrocos. E esta é ouro puro, senhora, 24 quilates, não é como outras que são vendidas por aí, com ouro 14 ou 18. Isto é ouro puro... a senhora não quer um desconto? Tem certeza de que a senhora não quer mesmo um desconto?"

Moral da história

As duas histórias ensinam muito sobre a arte de negociar, como explica Marluce: "Comprar e vender é uma espécie de disputa de poder. O poder do vendedor, que tem o bem desejado. E o poder do comprador, que tem o dinheiro necessitado. É difícil dizer quem é o mais poderoso. Quando a transação é concluída, talvez seja difícil saber quem é o vencedor, quem é o vencido. Mas é certo que a negociação transcorrerá melhor se nenhuma das partes se fizer essa pergunta. Se o comprador não desvalorizar o produto que está à venda, como fez a elegante mulher que queria comprar o Rottweiller. Se o comprador – pior ainda – não desvalorizar o próprio vendedor, demonstrando que compra qualquer coisa, mesmo que ele não saiba vender (como parece ter se sentido o árabe da nossa história. Neste caso, há a questão das diferenças culturais, a barganha faz parte da alma deles de um jeito que não faz parte da nossa). Acredito que compramos melhor quando criamos um clima em que o vendedor se sente bem, respeitado e valorizado. Quando ele não precisa ficar na defensiva. Claro que não podemos passar a impressão de que vamos fazer qualquer coisa para conseguir o bem ou serviço que estamos negociando. Claro que devemos demonstrar que não temos condições de desembolsar todo o valor pedido ou nas condições pedidas ou até mostrar que temos outra opção. Mas não devemos negar que aquela é a nossa opção preferida e que, para nós, ela tem muito valor. Dá para negociar gritando, tentando amedrontar? Dá. De parte a parte, isso é possível. Não acho o melhor. Às vezes, dá certo. Mas nunca vi dar certo duas vezes com os mesmos interlocutores. E nunca vi ninguém sair realmente feliz de uma negociação assim."

CAPÍTULO 4

LIÇÃO DE CASA

"Seja boazinha e faça o dever de casa."

Costumávamos escutar isso todas as noites depois do jantar, quando as luzes da rua se acendiam e as meninas menos conscienciosas iam para a calçada pular amarelinha uma última vez. Então, suspirávamos e abríamos as nossas pastas, sabendo que era melhor perder um ou dois jogos do que enfrentar o sino da escola nervosas e despreparadas.

Agora que crescemos, temos a infeliz tendência de diminuir o tempo de preparação quando aquele sino está nos chamando para a hora da negociação. Se você não fez o dever de casa, como pode esperar tirar um dez?

Poupe-nos as desculpas. Sabemos muito bem como é complicado se equilibrar naquela corda bamba entre os prazos do escritório e as horas das refeições da família, e como é fácil deixar nossos planos em suspenso enquanto tentamos loucamente resolver todas as exigências de horário dos outros. Em todo caso, seu calendário superlotado não é a verdadeira razão pela qual você está chegando despreparada nas entrevistas de emprego e nas sessões de mediação de divórcio. O verdadeiro problema é a ansiedade que cai no seu estômago como uma pedra sempre que você pensa em enfrentar o adversário

Em cada fase da vida, a boazinha encontra uma maneira de evitar a negociação. "Não quero ferir os sentimentos dos outros", diz a noiva, ao contratar o primeiro bufê que encontra. "Não conheço ninguém do ramo", diz a universitária entrando de olhos iluminados em sua primeira entrevista de emprego. "Estou morta...", resmunga a jovem mãe, embora sempre encontre tempo para terminar aquelas fantasias de carnaval das crianças. "Por sorte consegui um emprego", diz a mamãe voltando a trabalhar assim que os filhotes entraram na escola. "Não quero balançar o barco bem na hora da minha aposentadoria", diz a gerente na reta final da carreira. Se você passa pela vida sem fazer o dever de casa, terminará pagando um preço alto demais até por seu caixão. (Achou esquisito? Pois foi exatamente o que a avó da Beth fez.)

Informação é poder. E, na hora da negociação, poder é dinheiro. Entrar numa negociação despreparada é o mesmo que ser apanhada num apagão sem uma lanterna ou uma vela – você sairá tropeçando no escuro e vai precisar de sorte para não cair de cara no chão.

"Qual é a nossa falha mais freqüente? Não planejamos e não nos preparamos o suficiente", diz Margaret Neale, professora de Administração em Stanford. Pessoas ingênuas, que entram no palco das negociações sem ensaiar, pensam que falharam porque o *outro* foi mais rápido. Elas não se dão conta de como as chances de sucesso diminuem quando se enfrenta um adversário mais informado. "Quanto mais difícil a negociação, mais a pessoa deve estar preparada", escreve William Ury em seu livro.

Isso soa bastante desagradável. Em todo caso, não é preciso viver um clima de pré-vestibular antes de toda negociação. Sim, você pode ter de fazer algumas viagens até a biblioteca, mas também empregará seu tempo pensando no que deseja, fazendo perguntas a suas amigas e desenvolvendo seu talento dramático em ensaios prévios. Sylvia Rhone, presidente da Elektra Records, usou seu conhecimento de música para derrotar seus rivais da Columbia e da Epic na contratação da banda em ascensão Third Eye Blind. "Ela sabia as letras das nossas músicas", diz maravilhado o cantor do grupo, Stephan Jenkins. Será que ela era mesmo uma grande fã do grupo, ou apenas uma boazinha que fez o dever de casa? Só a própria Sylvia sabe.

Para simplificar seu trabalho, dividimos a lição de casa em três temas centrais: O outro, Visão de mercado e Estratégia. Ataque-os nessa ordem, porque quanto mais você souber sobre a outra parte e quanto mais ampla for sua visão, maior será sua eficácia na elaboração de uma estratégia vitoriosa.

O OUTRO

"Nunca se consegue saber muito sobre a pessoa com quem se terá de negociar", adverte Gerard Nierenberg, que escreveu sobre a arte da negociação. Às vezes, aquele pouquinho de conhecimento a mais é só o que você precisa para se destacar na competição. Beth tropeçou num caso desse tipo há alguns anos, quando se candidatou a um emprego numa revista. Deu uma sorte incrível. Preocupada em escolher a roupa certa, ela não verificou qual seria o editor que a entrevistaria. No almoço, começou a conversa dizendo o quanto sempre adorara a revista. "Ainda me lembro daquela reportagem incrível que foi publicada há alguns anos", comentou. "Era sobre as salas de emergência dos hospitais e as falhas do sistema de saúde."

Aquela observação inocente foi inspirada por seu anjo da guarda. A cara do editor mudou, e ele olhou no fundo dos olhos de Beth para ter certeza de que ela estava sendo sincera. "Fui eu que escrevi aquela matéria", disse ele. "Acho que é uma das melhores que já fiz na vida!" Não é preciso dizer que ela conseguiu o emprego.

Fazer o dever de casa não impressiona apenas o seu adversário. Também pode ajudá-la a imaginar o que a outra parte está procurando e ao que ela renunciaria para obter o que deseja. Antes de se sentar para negociar com alguém, Jeanette Wagner, da Estée Lauder, liga para todos os conhecidos que estiveram envolvidos com essa pessoa ou fizeram algum negócio com ela. E lembre-se de que é muito provável que o outro – se for um competente negociador – tenha feito o mesmo a seu respeito.

É possível que você conheça alguém que conhece alguém que conhece seu futuro adversário. Beth uma vez ligou para a conhecida de uma conhecida para obter algumas dicas antes de negociar seus honorários com um executivo de relações públicas. "Procure conversar com ele antes do meio-dia", aconselhou a fonte. "Depois do almoço, ele fica bêbado, e você terá de repassar toda a conversa quando ele estiver sóbrio."

Faça uma listinha das perguntas antes de telefonar. Como essa pessoa funciona normalmente? Com o que se preocupa? Que táticas a balançaram no passado? Ela tem autoridade para aprovar um acordo final? Que estratégias costuma empregar? Lembre-se de que o estilo pode ser tão importante quanto a essência. "Algumas pessoas fazem, inicialmente, exigências escandalosas", diz a vice-presidente executiva da Scholastic, Deborah Forte. "Se você já sabe que isso é normal, não se assustará."

Nenhum detalhe pessoal é insignificante. Harvey Mackay, autor do livro *Como Nadar com os Tubarões sem Ser Comido Vivo*, mantém um perfil de cada um de seus clientes, rastreando desde as características físicas (inclusive careca e traseiro gordo) à religião e aos traços básicos da personalidade. Pode parecer excessivo, mas nunca se sabe o que será significativo. Portanto, verifique tudo o que puder. Em que escola estudou? Onde mais trabalhou? Se é uma artista, onde fica seu estúdio? Quais são seus interesses, seus hobbies, suas paixões?

Os adversários do seu adversário podem ser suas melhores fontes. "Em geral, aprende-se mais sobre as pessoas a partir de seus fracassos do que de seus sucessos", escreve Gerard Nierenberg. "Se você analisar cuidadosamente as razões pelas quais certo negócio deu errado, é bem provável que entenda a maneira de pensar do adversário, seu método de agir e a psicologia de sua abordagem." Basta não pressupor que tudo o que lhe dizem é uma verdade inquestionável. As circunstâncias mudam e nem toda fonte é confiável.

A hora da biblioteca

Não se desespere se você não achar alguém que possa lhe dar as dicas de que precisa. Se quiser investir para valer na negociação, passar uma hora numa biblioteca ou na Internet pode lhe ajudar a levantar toda a informação necessária. Até a seção de empregos dos classificados pode lhe dar algumas pistas sobre o mercado e as variações salariais. (Um emprego interessante que aparece duas vezes em seis meses pode indicar que a companhia promove rapidamente as pessoas ou que o supervisor imediato é insuportável. É bom se informar antes de passar pela porta.)

Verifique o relatório anual da empresa e familiarize-se com o essencial, como a estratégia do grupo, os principais executivos, o crescimento ou a queda das vendas e dos lucros. Os relatórios anuais talvez estejam no site da companhia. Peça a algum amigo acostumado a pesquisar na Internet para orientá-la.

Pense sempre na negociação do ponto de vista do outro. Se não fizer isso, poderá sair de mãos vazias. Durante sete anos, um escritor autônomo realizou projetos anuais para uma pequena editora. Todos os anos o editor o chamava, e todos os anos o escritor pedia um pequeno aumento. Da última vez, quando o ritual se repetiu, a voz do editor gelou. Dias depois, o autônomo recebeu a má notícia de que a editora "usaria outra pessoa". Se ele tivesse se dado ao trabalho de fazer uma pesquisa de cinco minutos sobre o antigo cliente, teria descoberto que a empresa atravessava uma fase difícil e havia demitido vários empregados. Foi o momento errado para pedir aumento.

Não faça pressuposições

Jamais entre em uma negociação subestimando a outra parte. *Nunca* imagine que você é mais esperta do que "eles". É um erro pensar "vou enrolar direitinho aqueles idiotas". Imagine que eles são, no mínimo, tão espertos e sensíveis quanto você, porque na maioria das vezes são mesmo.

Não deixe um adversário inteligente intimidá-la. Se estiver diante de uma pessoa perspicaz, considere-se uma mulher de sorte. Quanto mais capacitados forem seus oponentes, mais fácil será o diálogo e maior a probabilidade de chegarem a um acordo.

Negociadoras experientes sabem como é perigoso se basear em falsas pressuposições sobre a outra parte – elas foram subestimadas por adversários do sexo masculino durante anos. "Freqüentemente sou subestimada", diz a executiva Sheila Wellington. "Talvez seja minha idade. Eles pensam que sou uma dessas velhinhas simpáticas e delicadas." E acabam se dando mal.

Visão de Mercado

Não limite sua pesquisa ao outro lado. Você descobrirá que conhecer profundamente o mercado a deixará mais confiante e impressionará seu adversário.

Verifique a concorrência. Antes de pedir um desconto à sua antiga tinturaria, por exemplo, visite outras das redondezas e peça suas tabelas de preços. Se descobrir que está pagando mais, você terá argumentos para pedir um bom abatimento.

Quanto custa?

Em geral, o xis da negociação é o dinheiro: quem tem, quem precisa dele, quanto o concorrente cobra e qual é o preço justo. Se você não possui essa informação antes de se sentar diante do adversário, já começa perdendo. E se estiver bem informada sobre o mercado, estará a meio caminho de obter o que deseja.

Lori Scott, diretora comercial de uma empresa de vendas pelo correio, diz que saber os custos e as margens de lucro de seus fornecedores ajuda a fechar acordos vantajosos para os dois lados: "É necessário ser realista e saber até onde se pode forçar um negócio. Se o meu alvo é trinta e cinco, e eles começam com quarenta e recuam até trinta e oito, eu topo." Lori quer ter certeza de que os fornecedores a consideram uma cliente especial e vão entregar seus pedidos primeiro.

Se você está vendendo alguma coisa, aconselha a consultora de desenvolvimento de negócios Sue Yellin, procure informar-se sobre o que o potencial comprador desejaria pagar antes de colocar seu preço. "Não dê um tiro no escuro", diz ela. É preciso buscar referências para que o preço determinado seja realista.

A colunista Sandra Pesmen deixa os clientes darem seu preço – pelo menos, para começar: "Quando o preço é o ponto principal, você tenta adivinhar o que o outro lado deseja pagar. Mas, se errar, perde todo o negócio." Por isso, muitas vezes ela pergunta aos editores dos jornais: "Quanto você paga aos outros colunistas? Diga o valor e verei se posso aceitar."

Certifique-se de que suas fontes são seguras, e não um bando de boazinhas ingênuas. Jane, uma simpática designer de Iowa, decidiu telefonar para uma amiga antes de apresentar o projeto do logotipo de um novo produto para um diretor de arte de Nova York. Baseada nas informações da amiga, que havia feito trabalho semelhante para clientes locais, Jane enviou sua proposta por fax: três mil dólares.

Poucos dias depois, ela recebeu um telefonema do diretor de arte, que lhe contou quem eram as outras pessoas a quem ele havia pedido um orçamento e quanto elas haviam pedido. Jane sentiu-se chocada (e lisonjeada) ao saber que estava concorrendo com dois dos artistas mais conhecidos em seu campo, um de Nova York e outro de Los Angeles. Os orçamentos dos dois eram mais ou menos iguais, ambos em torno de vinte e um mil dólares. Jane quase deixou o telefone cair. "Vou lhe dar até amanhã para você me apresentar outra proposta", disse o prestativo diretor de arte. Naquela noite, Jane preparou um novo orçamento: quatorze mil dólares. No final, a empresa escolheu um dos outros artistas, mas Jane ficou grata ao diretor de arte que se deu ao trabalho de adverti-la.

Não subestime seu valor, mas não seja ridícula. Pedir a lua sem pesquisar como está o mercado é pura besteira. Minha amiga Kate, uma publicitária de Atlanta, recebeu um telefonema de uma companhia de porte médio que desejava alguém para supervisionar seu departamento de comunicações empresariais em Nova York. Depois de anos correndo atrás de clientes, Kate pensou que, finalmente, tinha chegado sua vez.

Ela me ligou antes de viajar para conversar sobre a questão financeira. Ouvi com o coração apertado o detalhamento das suas exigências: um salário de seis algarismos, moradia, um mês de férias e um carro da companhia. "Parece um tanto exagerado", disse eu, hesitando. "Você fez alguma pesquisa?" Ela ficou irritada: "Você não está pensando em termos de Nova York."

Talvez eu não estivesse, mas seus empregadores em potencial também não estavam. Eles escutaram educadamente, depois explicaram que talvez não pudessem corresponder às expectativas dela e disseram "adeus". Se tivesse feito uma pesquisa, Kate teria apresentado uma proposta mais realista. Depois de contratada, ela os deslumbraria com sua criatividade e, então, poderia começar a pensar em pedir aumento.

Não estamos de modo algum dizendo que você deve ser modesta nas propostas para evitar ser descartada. Apenas enfatizando a importância de conhecer o mercado antes de fazer exigências.

Estratégia

Quando você tem uma boa idéia do que pode esperar, está na hora de planejar a estratégia, passo a passo.

Primeiro passo: esclareça a sua posição

Primeiro afirme seu objetivo em uma frase simples, com não mais do que quinze palavras. Alguns exemplos:

- Quero comprar aquela casa por trezentos mil.
- Quero uma promoção e um aumento de cinco por cento daqui a seis meses.
- Quero que meu filho guarde sua roupa no armário.

Agora, imagine que alcançou seu objetivo. Se você não consegue se ver obtendo o que quer, não adianta tentar. Por outro lado, se você se deixar levar pela imaginação, pode acabar criando estratégias úteis.

Mary Pickford, a estrela do cinema mudo, cuja marca eram os anéis dourados dos cabelos que emolduravam uma cabeça espertíssima para negócios, começou a usar essa técnica quando tinha apenas quinze anos. Ambiciosa, a jovem atriz estava decidida a conhecer David Belasco, um importante produtor da Broadway. Mary imaginou um plano mirabolante: fingiria um desmaio aos pés de David e, quando ele se ajoelhasse para fazê-la voltar a si, ela abriria os olhos cintilantes e, corando, admitiria que era uma encenação. Impressionado com a capacidade de atuação da garota, Belasco puxaria um contrato do bolso e ela o assinaria ali mesmo. Mas toda aquela cena melodramática dependia de um encontro com o produtor.

Para transformar a fantasia em realidade, Mary andou para cima e para baixo pela Broadway, repetindo para todos os que encontrava: "Minha vida depende de ver o Sr. Belasco!" O produtor acabou ouvindo falar daquela adolescente persistente e sentiu-se tão curioso que aceitou marcar um encontro. A cena do desmaio jamais aconteceu, mas alguns meses depois ela fechou seu primeiro contrato.

Portanto, não se esqueça de que fantasiar e projetar-se em situações bem-sucedidas é a maneira mais poderosa de atingir metas pessoais.

Segundo passo: revele seus interesses

Por que você quer o que quer? Se souber claramente o que há por trás de seus objetivos, poderá ser mais flexível quando chegar a hora de encontrar soluções.

Se estiver interessada em uma promoção, pergunte-se por que você a deseja. Quer mais dinheiro? Maior reconhecimento? Uma sala melhor? "Conhece-te a ti mesmo", recomenda a advogada Julie Denny, de Nova York. Se quer se destacar em sua área de trabalho, um título sofisticado no currículo a longo prazo valerá mais do que um aumento de mil dólares. Se a questão é dinheiro, pense nas alternativas não-salariais capazes de melhorar sua vida. Se o orçamento da companhia não permite o aumento que você merece, um carro da empresa pode ser uma boa solução para o seu bolso.

Terceiro passo: aumente as suas expectativas

Em seu leito de morte, a mãe de Mary Pickford deu à filha um valioso conselho: "Vise alto... ou não vise coisa nenhuma."

Você está pensando grande? Todas as pesquisas dizem que expectativas maiores aumentam as chances de sucesso. "Pessoas que esperam mais obtêm mais. Concentre-se no mínimo e procure obter só um pouquinho mais. O que acontece? Você consegue exatamente esse pouquinho", afirma G. Richard Shell, professor da Wharton School.

Quarto passo: determine o seu limite

"Saiba o que é sagrado", aconselha a executiva Deborah Forte. "Antes de entrar no negócio, saiba o que você pode mudar e o que não pode ser alterado de maneira alguma." Em geral, Deborah encontra apenas um ponto em que não deseja transigir. "Deixe bem claro logo no começo e refira-se o tempo todo a esse ponto. Não entre num caminho que vai frustrá-la."

É impressionante o número de pessoas que entram numa negociação sem estabelecer um limite. "Eu sempre sei o ponto além do qual não passarei, e não passo mesmo. Se não for assim, pode-se perder as calças, que é o que acontece com muita gente", diz Sheila Wellington.

Quinto passo: não esqueça o Plano B

O que você fará se não conseguir chegar a um acordo? Como dissemos no capítulo 2, você terá de colocar em ação a MAPAN (lembra? Melhor Alternativa Para um Acordo Negociado). Um bom Plano B é um poderoso reforço. Se você conseguir uma alternativa e levá-la em frente, será menos provável chegar a um acordo injusto.

Sexto passo: desenvolva a sua proposta

Se você pensar num arranjo negociado como se fosse uma torta, passe algum tempo examinando cuidadosamente a sua lista de compras. Você poderá estar pensando em massa congelada e uma lata de morangos em calda como recheio. Assim como na culinária, você descobrirá que, em geral, as coisas funcionam melhor se você começar do zero. Separe cada uma das suas exigências nas partes que a compõem e veja se tem alguma idéia nova.

Reduzindo a questão a pontos menores, você poderá ser muito específica no que é importante. Imagine que seu filho está com problemas na escola e você acha que ele precisa de um pouco mais de atenção. Uma exigência um tanto vaga. Mesmo que a separe em "ajudar mais na lição de casa" e "sentar-se para conversar com ele", ainda é muito vago. Portanto, procure especificar melhor. "Ajudar mais na lição de casa" pode significar explicar-lhe as questões de matemática ou, se você não tiver competência para isso, arranjar uma professora particular.

Proponha alternativas bem claras. Quando se sabe exatamente o que se quer, evita-se o mal-entendido que pode ocorrer quando a outra pessoa tenta ajudar com algo de que você não precisa. Quando se trata de desistir de algo, separe bem as coisas. Não há necessidade de entregar sua bicicleta azul se eles só querem a cestinha branca.

SÉTIMO PASSO: FAÇA UMA LISTA DAS OBJEÇÕES "DELES"

Ainda que você pense que a sua proposta é uma obra-prima de negociação, não espere que seu adversário a engula por inteiro. Esteja preparada para as perguntas que surgirão e para reagir às objeções.

Presumimos que você já pesquisou o suficiente para ter certeza de que sua proposta é viável. Se você está pedindo a seu chefe um esquema de férias mais flexível, pode estar certa de que ele defenderá o sistema em vigor com o tradicional "mas nós sempre fizemos assim". Portanto, antes de qualquer coisa, tenha uma conversa bem sincera com aquele carinha legal do departamento de recursos humanos. Eles sempre fizeram assim porque é política da companhia ou apenas porque ninguém jamais pediu alguma coisa diferente? Se o seu chefe é daquelas pessoas que acabam com qualquer pedido dizendo algo do tipo "e se todo mundo quisesse fazer isso?", você terá de ter uma resposta inteligente e ponderada na ponta da língua.

"Não há espaço nas minhas prateleiras." Essa é a objeção que Michele Hoskins, presidente da Michele Foods, fabricante de molhos especiais, ouve com freqüência em seus telefonemas para as cadeias de supermercados. Mas essa moça, que começou do zero e ergueu uma empresa de sete milhões de dólares com as receitas da avó, está bem preparada.

Antes de fazer contato, ela visita as lojas dos potenciais clientes e procura lugar nas prateleiras. Diante da objeção "falta de espaço", ela mostra exatamente onde seus produtos poderão ficar expostos. Se o espaço é realmente apertado, ela sugere que seu produto substitua uma outra marca que ela normalmente supera em vendas.

OITAVO PASSO: FAÇA POR ESCRITO

Depois de se dar a todo aquele trabalhão para se preparar, não jogue tudo pela janela por atarantar-se e esquecer o que ia dizer. Alguns negociadores experientes escrevem um memorando em que expressam sua posição para entregar à outra parte. Certifique-se de enumerar os objetivos na ordem certa. Coloque os pontos essenciais no começo ou no final da lista – não enterre o mais importante no meio, onde talvez não seja notado.

Sublinhe os pontos atraentes para o outro lado, certifique-se de enfatizá-los. "Muita gente passa mais tempo defendendo o que é atraente para si mesmo", observa o professor Roy Lewicki. Este é um erro clássico e pode resultar em tristes fracassos.

Nono passo: ensaie

Imagine-se representando o papel de Julieta sem um ensaio. É provável que você despenque do balcão.

Bom, você também pode esperar mais ou menos o mesmo nível de desempenho se entrar numa negociação sem repassar as suas falas algumas vezes. A advogada Theresa Montaño trabalhava com professores da rede escolar pública para melhorar a eficácia do ensino na sala de aula, uma tarefa delicadíssima.

Quando enfrentava discussões especialmente difíceis, ela pedia ao marido, Terry, para ajudá-la representando alguns papéis. Theresa criava uma série de roteiros diferentes e repassava as falas com Terry. O marido era ao mesmo tempo coadjuvante e crítico. Quando não se sentia balançado pelo argumento de Theresa, ele a fazia parar e examinar sua posição. Se Terry não aceitasse suas idéias, é porque ela provavelmente não convenceria uma platéia mais relutante.

Você também pode ensaiar com uma amiga que conheça sua área. Um bom exercício é trocar de papel e assumir o lugar do adversário, o que pode lhe dar uma idéia mais clara da reação dele ao que você planeja dizer.

Décimo passo: hora de se controlar

Muito bem. Você fez o dever de casa. Planejou sua estratégia. Ensaiou a apresentação. Agora está na hora de recobrar a calma, para estar tranqüila no momento da negociação.

Na noite anterior, separe as roupas que vai usar, para evitar de manhã uma daquelas remexidas ansiosas no armário em busca de uma meia-calça. Você também terá algum tempo para pensar sobre a impressão que quer dar. A especialista em marketing Lori Scott afirma que a roupa transmite uma mensagem não-verbal: "Se tiver uma reunião com a diretoria, uso um tailleur vermelho, porque é uma cor poderosa. Quando sei que terei de entrar pesado, uso preto. Assim que me vê de preto, minha equipe logo diz: 'Ih...! Alguém terá problemas hoje!'"

Enquanto planeja o que vai usar, pense em como você se sentirá com aquela roupa. Mesmo que todos os livros digam que se deve usar um terninho azul para uma entrevista de trabalho, se você não se sentir bem com aquela roupa, use outra. Não deixe sua aparência desviá-la de seus objetivos. Beth ainda estremece quando se lembra de uma entrevista de trabalho torturante. Preocupada em causar boa impressão, ela marcou hora num caríssimo salão de beleza no dia anterior. A cabeleireira a convenceu a fazer uma permanente e, quando Beth tirou os rolinhos, havia um buraco do tamanho de uma moeda no alto de sua cabeça. Gostaríamos de contar um final feliz para a história, mas ela entrou na entrevista sentindo-se horrível e agiu como uma completa idiota.

Se você não se preocupa com roupas, ótimo. Mas, se estar bem-vestida melhora a sua atitude, use esse trunfo. Conheço uma jovem corretora que se sente mais forte quando veste um blazer e capricha na maquiagem, mesmo que todas suas negociações sejam realizadas por telefone. Se alguma coisa funciona assim para você, use. Calce os sapatos vermelhos que você acha que lhe dão sorte. Vista sua lingerie mais cara. Quando negocia, Theresa sempre usa um medalhão que sua mãe lhe deu. É seu talismã e lhe dá força.

Passe algum tempo concentrando-se. Tome um banho demorado, de preferência com sais perfumados. Medite.

Por fim, quando você terminar a lição de casa e tudo estiver pronto, coloque a papelada na pasta, apague a luz e tenha uma boa noite de sono.

NEGÓCIO SOBRE RODAS: A COMPRA DE UM CARRO

Quando chega a hora de comprar um carro, Beth passa por cinco fases previsíveis: negação, fúria, barganha, depressão e aceitação. Mas a compra de um carro não precisa ser uma experiência de quase-morte para as boazinhas! Com um pouquinho de pesquisa é possível encontrar o carro certo, pelo preço certo e na concessionária certa. Não entregue o seu dinheiro duramente ganho a um vendedor que não a trate com respeito. Se um vendedor de carros faz com que você se sinta burra ou tensa, apanhe a sua bolsa e dê o fora.

Não adie

Quando seu carro começa a dar sinais de desgaste – os pneus estão nas últimas ou você gasta um dinheirão por mês em consertinhos e consertões – está na hora de dar um giro pelas concessionárias. Não deixe para o último instante. Não se pode tomar uma decisão estudada quando o mecânico acaba de dizer que o motor precisa de uma revisão geral que custará o preço de um carro de segunda mão. E justamente quando você planeja ir à festa de oitenta anos da sua avó a quinhentos quilômetros de distância, depois de amanhã.

Faça o dever de casa

Não é preciso entender toda aquela enrolação da *rebimboca da parafuseta* usada como instrumento de intimidação nas concessionárias. Para falar a verdade, muita gente razoavelmente inteligente (inclusive homens) não sabe distinguir um eixo de um amortecedor. Basta perguntar às amigas a marca de seus carros, se gostam deles e por quê. Se elas usarem os carros mais ou menos como você, é claro que serão excelentes fontes de informação. Você pode conseguir maiores detalhes sobre marcas, modelos e acessórios nos cadernos de automóveis dos jornais e nas revistas especializadas.

Determine o preço que você deseja pagar

Não se aventure no meio dos revendedores sem saber o preço do carro que deseja adquirir. Seja corajosa e peça descontos. Um grupo de pesquisadores diz que o comprador de carro em média paga 11,3 por cento abaixo do preço pedido. Não pressuponha que o preço encontrado nos jornais e revistas seja o melhor que você poderá obter. Procure várias concessionárias, de preferência as que os amigos lhe indicarem. Se houver um vendedor conhecido que possa orientá-la, melhor ainda.

E barganhe sem nenhum escrúpulo, peça um desconto, negocie um prazo melhor, peça de brinde os tapetes do carro. Se você se apaixonou por um novo modelo quentíssimo, talvez não consiga grandes reduções. Em todo caso, vale a pena tentar: *quem não arrisca não petisca*, já dizia meu avô...

Examine bem o plano de financiamento

Cuidado com o financiamento oferecido pela concessionária. Se quiser aproveitar algum pacote especial de financiamento do seu revendedor, leve a papelada para casa e leia tudo atentamente antes de assinar. Se não entender de números, peça ajuda. Ofereça para pagar à vista – se tiver cacife para isso – caso seja feita uma redução compensadora.

Deixe as crianças em casa

Algumas concessionárias têm parquinhos com brinquedos

para as crianças. Os vendedores sabem muito bem que, se houver duas criancinhas puxando a barra da sua saia, você assinará qualquer coisa para ir embora logo. Heather, a melhor amiga de Beth, aprendeu essa lição quando comprou sua minivan. Ela e o marido iam assinar a papelada quando o bip tocou e ele teve de sair correndo para o hospital. Heather ficou sozinha com os dois filhos pequenos e... sem carro. Heather disse ao vendedor exatamente o que queria – e o que não queria – e, apressada, assinou os papéis, enfiou os bebês no carro novo e foi para casa. Semanas depois, descobriu que o vendedor se aproveitara de sua distração para ganhar algumas centenas de dólares a mais em seguros que ela havia explicitamente recusado.

Tome nota

Leve um caderninho a todas as concessionárias que visitar e anote o preço oferecido de tudo – não apenas do veículo básico, mas dos acessórios e custos de financiamento. Seja direta e diga que está fazendo uma pesquisa de mercado. Não revele o valor que tem em mente, faça o vendedor dizer antes o preço. Cuide do que vai falar e não deixe ele arrancar nenhuma informação de você.

Faça um bom teste de direção

Sempre me sinto meio idiota quando tenho de fazer um teste de direção. Nunca sei o que deveria estar testando e normalmente o vendedor senta ao meu lado, tagarelando e impedindo minha concentração. Assim, em geral, dou duas voltas no quarteirão e volto para a loja.

É compreensível, mas nada inteligente. Se fizer um teste mais demorado, descobrirá aquelas coisinhas (e *coisonas*) que enlouquecem a gente depois de ter comprado o carro. Portanto, vá para uma estrada. Acelere até chegar à velocidade da via expressa. O carro desenvolve bem? Você se sente confortável dentro dele? Peça a alguns amigos para sentarem no banco de trás. Levante e abaixe as janelas. Certifique-se de que a sua convivência com o carro será agradável.

Peça a aprovação de seu mecânico

Jamais compre um carro usado sem que um mecânico de sua confiança o examine primeiro. Ponto final. O que ele cobrar evitará gastos bem maiores.

Negocie uma troca em separado

Não mencione a idéia de uma troca quando começar a negociar. Se o cara perguntar, diga-lhe que você talvez queira ficar com seu carro usado ou passá-lo para sua irmã, algo assim.

Se você fez um bom negócio na compra, não espere grande coisa na troca. Eles sabem que é bem provável que você aceite, porque não deseja passar pelo aborrecimento de ter de vender o carro sozinha. Para se precaver, descubra o valor do carro velho antes de entrar na concessionária. Outra opção é vender o carro para um negociante de carros usados.

Chute os pneus, não a si mesma

Comprar um carro pode ser complicado. Apesar dos esforços, talvez você não consiga o melhor negócio na primeira saída. Não se desespere, você aprenderá e se aperfeiçoará a cada compra. Mantenha a cabeça fria, permaneça tranqüila e confiante – e, principalmente, não assine nada: leve para casa, leia atentamente e mostre a alguém que entenda do assunto.

CUIDADO COM OS MENTIROSOS

Por mais que deteste ter de dizer isto, a honestidade me obriga a lhe contar um triste fato: as pessoas mentem. Pior: quando estão negociando, contam montanhas de mentiras.

Lynda Obst aprendeu essa lição quando se tornou produtora de Hollywood. "Acho que toda negociação é um jogo de pôquer. Deve-se pressupor que todo mundo está mentindo. Apenas dez por cento do que é dito talvez seja verdade."

Danuza Leão é uma exímia jogadora de pôquer. "O Paulo Francis dizia que eu era a única mulher que ele conhecia que jogava bem", conta ela. Mas, na mesa de negociação, Danuza se considera um desastre. "O bom negociador tem de saber blefar. Eu não sei. E o pior é que, como não minto, acho que os outros também não mentem. Não consigo entender quando estão me enrolando."

Para se defender, a produtora Lynda – que cresceu jogando paciência – aprendeu a entrar no pesado jogo da negociação. "Notei que a maioria das boazinhas não possui esse talento. Não achamos que o blefe seja honesto e temos dificuldade em nos gabar."

Isto não quer dizer que Lynda tenha mudado de lado, tornando-se mais agressiva do que os homens que enfrenta. Mas hoje ela se aproxima da mesa de negociação com muito menos ingenuidade. "Você tem que presumir que o outro lado está blefando, para não ficar paralisada ao descobrir que foi tapeada."

A primeira providência a tomar, segundo ela, é fazer o dever de casa. "Alguém pode ter realmente um four de ases na mão. Deve-se usar a inteligência para descobrir isso."

Dê uns telefonemas e investigue aqui e ali. Será que realmente há dois candidatos a este emprego ou eles só estão tentando deixar você insegura para reduzir seu salário? Não sendo possível levantar a informação real, é preciso ligar as antenas. Tente sentir o clima da sala. Talvez eles digam que têm três mil candidatos no arquivo. Pode ser verdade, mas, se parecerem interessados em todas as suas habilidades, talvez o objetivo seja conseguir você pelo preço mais baixo possível.

Se estiver desesperada para conseguir o emprego, você terá de fazer uma impassível "cara de pôquer": jamais mostre qualquer desespero. Eles têm de acreditar que você pode ir embora. Além de saber blefar, é preciso saber a hora de ceder. O importante é não ceder cedo demais, nem ser inflexível. Não é bom jogar duro demais, senão *eles* podem dar o fora.

Quando você negocia com um especialista em blefe, não se sinta pessoalmente atingida. Para uma boazinha pode ser difícil sentar diante de um cara sorridente que você sabe que está mentindo. Se ele tem alguma coisa que você quer, é bobagem ficar melindrada. Ao contrário, mantenha-se calma e séria e não deixe que ele a confunda.

Se você não se sente capaz de lidar com uma pessoa que blefa, aconselha Lynda, leve alguém para ajudá-la: um sócio, um advogado, sua melhor amiga. É isso o que Danuza procura fazer. "O ideal seria ter sempre um homem para negociar no nosso lugar", diz, com seu jeito brincalhão. "Nem precisava ser homem. Podia ser uma mulher, uma agente que não estivesse envolvida emocionalmente no negócio."

Não conseguindo chamar algum reforço, saia de campo. De acordo com Lynda, não há nada demais em se dizer: "Isto é muito difícil para mim, tenho de pensar a respeito." Nesse tipo de circunstância, seja você mesma. O importante é descobrir a melhor forma de se proteger para não ser explorada.

Capítulo 5

Modos à Mesa

Vovó Vivian arrumava a mesa cuidadosamente, colocando suas delicadas xícaras de chá sobre uma toalha rendada e ajeitando o bule de prata em cima de uma linda bandeja. O cardápio da tarde era simples: chá, biscoitos – e uma negociação que poderia mudar a vida de seus filhos e netos.

Era uma situação delicada. Com setenta e tantos anos, Vivian era sócia de uma pequena cadeia de armazéns que pertencia à sua família. Quando o marido morreu, há doze anos, ela resolveu deixar o dia-a-dia da empresa nas mãos de Frank, o outro sócio. Mas, agora, sua filha Jill e sua neta Sandra queriam assumir as rédeas do negócio. Legalmente, como acionistas majoritárias, elas tinham poder para assumir o controle da empresa. Contudo, Frank, além de sócio, era o principal fornecedor da cadeia. Se quisesse, poderia atrapalhar os planos delas.

Por isso, Vivian decidiu que estava na hora de uma conversa muito franca. Ligou para o sócio e o convidou para o chá. O convite parecia inocente – o que poderia ser menos ameaçador do que um chá à tarde com uma velhinha? O movimento amistoso foi bem calculado. Ela sabia que se sentiria mais forte em seu próprio terreno e quis marcar o encontro no horário em que normalmente se sentia mais esperta e alerta.

Quando Frank chegou, Vivian o cumprimentou com a graça e o

calor que um velho amigo da família esperaria. Ofereceu uns biscoitinhos e serviu o chá quentíssimo. Aí, a vovó começou a trabalhar. Numa voz suave e segura, informou a Frank que ela e as meninas estavam prontas para assumir a direção da companhia. "Creio que você está cometendo um equívoco", retorquiu Frank.

Calmamente, Vivian expôs quatro ou cinco pontos essenciais em defesa de sua posição. Ela observou que sua neta já tinha experiência suficiente para assumir o negócio e que seria mais eficaz ter alguém para tomar as decisões in loco do que esperar pela aprovação da companhia de Frank, a quilômetros de distância. Meia hora depois, ele estava convencido. Concordou em deixar o controle sem briga. Juntos, elaboraram um novo acordo de parceria, que se mantém de pé há mais de quinze anos.

Frank teria concordado com a proposta se estivesse em seu sofisticado escritório no centro da cidade? Será que Vivian se sentiria segura encontrando-se com ele no "território neutro" de algum restaurante caro? Talvez sim. Talvez não. O que importa é que ela pensou no que iria dizer e em como, quando e onde queria dizer.

Pense no esforço necessário para o planejamento de um grande jantar. Você sabe como é importante cuidar dos mínimos detalhes para tudo correr bem. Da mesma forma, o clima é decisivo para uma boa negociação.

A Lista de Convidados

Quando planeja um jantar, você começa pela lista de convidados. O primeiro objetivo é reunir um grupo de pessoas que se conheçam ou tenham interesses comuns. O mesmo princípio se aplica à negociação. É claro que, às vezes, é preciso chegar a um acordo com um completo estranho. Em todo caso, é bom se apresentar antes de um negócio.

Há alguns anos, as irmãs Martha e Susan Furst resolveram juntar forças e começar seu próprio negócio. Criaram a Terrapin Ridge, uma marca de mostarda para gourmets. Antes de começarem a falar sobre negócios com os potenciais sócios, as duas os convidaram para jantar em um de seus restaurantes preferidos. "Gostamos de conhecer as pessoas socialmente",diz Martha. "Pressupondo que todos se dêem bem, obtém-se uma boa base de entendimento que será útil quando surgirem as dificuldades." E se alguém não é um bom parceiro num jantar, é bom pensar duas vezes antes de convidá-lo para ser sócio num negócio.

A estratégia amistosa das irmãs funciona especialmente para nós, as boazinhas. Wendy Sarasohn, uma corretora especializada em residências de luxo em Manhattan, diz que já teve clientes que aceitaram ofertas mais baixas de compradores mais simpáticos. "A personalidade desempenha um papel tão importante quanto o dinheiro", diz ela. "As pessoas preferem vender suas casas para alguém de que gostem."

Não estamos absolutamente sugerindo que você caia naquela armadilha "faço-qualquer-coisa-para-gostarem-de-mim" da boazinha. Numa negociação, o fundamental é ser respeitada. Isto não quer dizer que você deva jogar pela janela seus bons modos e sua habilidade no convívio social. Quando demonstra seu jeito caloroso, você não está sendo fraca nem desonesta. Está apenas usando um dom de maneira inteligente.

Mas não imagine que você desenvolverá um relacionamento caloroso em torno de uma única xícara de café. Lembre a maravilhosa frase da pintora Georgia O'Keefe: "Ninguém vê uma flor, na verdade – ela é tão pequena – não temos tempo, e ver exige tempo, assim como fazer um amigo exige tempo."

Quando se faz um esforço sincero para criar boas relações de trabalho, o resultado em geral é excelente. Para falar a verdade, muitas empresas oferecem produtos semelhantes a preços semelhantes. Por isso, os clientes geralmente escolhem "vendedores, consultores e parceiros com quem gostam de estar", diz a empresária Sarah Hoit. Com cem clientes em sete estados norte-americanos, pode ser difícil para Sarah manter esses relacionamentos amistosos. Então, quando está na região de um cliente, ela telefona e o convida para um café. Funciona porque Sarah realmente gosta da companhia de seus clientes.

Também não é necessário tomar aviões a toda hora para alimentar esses relacionamentos. Pense na Beth, cujos editores estão em Nova York e Washington. Em vez de viajar, ela telefona, manda bilhetes nas datas de aniversário, envia e-mails e, de vez em quando, um buquê de flores para manter vivos esses elos. "Não vejo esses contatos como parte do trabalho", diz ela. "Mesmo que nunca possa encontrar pessoalmente alguns de meus editores, eu os considero como meus amigos. Quando chega o momento de renegociar algum contrato, me sinto bem ao conversar com alguém que me valorize como pessoa e como escritora."

As Pessoas Certas na Sala

Não se pode negociar direito quando se está diante da pessoa errada – mesmo quando essa pessoa é alguém de quem você gosta e que também gosta de você. Portanto, pergunte a seus botões: essa pessoa tem autoridade para tomar decisões ou haverá um poder mais alto que deva ser consultado? Se houver, há algum jeito de levar a pessoa que pode tomar as decisões à mesa das negociações?

Qualquer anfitriã sabe que, às vezes, se pode convencer um convidado relutante chamando alguém que essa pessoa deseja encontrar. Quem recusaria um convite iniciado com a frase: "Steven Spielberg vem jantar aqui na quinta-feira e disse que adoraria encontrá-la"? Você pode usar a mesma estratégia para atrair um parceiro de negociação não muito entusiasmado. Minerva Martínez a aplicou com sucesso quando seu chefe se recusou sequer a pensar em transferi-la para outra cidade. Ela simplesmente enviou mais dois convites para a negociação: um para o chefe dele e outro para o chefe do chefe. Quando percebeu que eles se dispunham a sentar para discutir o plano de Minerva, seu superior imediato entendeu que ou entraria na conversa ou ficaria de fora. Então, sabiamente, ele ajudou a levar a discussão adiante.

É evidente que você gostaria de convidar apenas as pessoas de quem gosta para sua festa de negociação. No entanto, muitas vezes não há como não incluir algumas pessoas desagradáveis. Bonnie aprendeu isso quando planejava seu casamento. Ela e o noivo, Roger, eram filhos mais velhos, e nenhuma das duas famílias havia passado por um casamento antes. A mãe de Bonnie era batista, vinha de uma cidade pequena e imaginava uma recepção com bolo e ponche no salão paroquial. A mãe de Roger, mais sofisticada, sonhava com um salão alugado, um bar aberto e imensas travessas de variados canapés. Bonnie e Roger não sabiam exatamente o que queriam. Para complicar, as decisões eram tomadas por telefone porque cada um estava numa cidade.

A situação ficou cada vez pior. Por telefone, Bonnie e sua mãe esboçavam um plano, que era submetido à aprovação de Roger. Ele concordava e corria para o telefone para contar tudo à sua mãe, que tinha um ataque. Bonnie se lembra muito bem: "Ela não gostava da igreja, do ministro, fazia objeções a tudo, especialmente à recepção." Roger, obediente, sempre contava o último chilique da mãe para Bonnie, que o repassava à sua própria mãe: "Chegou ao ponto em que a última coisa que eu queria era estar no mesmo ambiente que a minha futura sogra." No dia do casamento, a mãe de Roger deu sua própria recepção num hotel a um quilômetro e meio da festa da família da noiva. "Deveríamos ter feito uma reunião com as mães. Se eu fosse recomeçar, levaria um bloco de papel para anotar tudo o que fosse combinado e faria todos assinarem. Se alguém mudasse de idéia, eu poderia mostrar o documento."

Paciência, Querida

Levar pessoas para a mesa de negociação requer mais do que mandar um convite. Não se pode forçar ninguém. Na negociação, como num jantar, deve-se esperar até que os convidados tenham fome. Pode ser difícil esperar o momento certo. Contudo, precipitar-se é morder uma fruta verde, o que pode deixar um travo amargo na boca. A consultora de comunicações Kate Anderson observa que as pessoas impulsivas tentam fazer mais coisas mais depressa. "Não possuem a paciência indispensável para negociar. O resultado é que entram em conflito mais cedo e terminam fazendo acordos que não 'colam'."

Por sorte, nós, as boazinhas, fomos educadas para ser pacientes e esperar nossa vez. Essa pode ser uma vantagem quando se trata de cortejar um parceiro relutante. Irma Elder, hoje com setenta e um anos, tem certeza de que vale a pena ser paciente. Ela se tornou presidente da Troy Ford depois da morte do marido, em 1983. Naquela altura, conta ela: "Eu era uma dona-de-casa tímida e tão insegura que, se tropeçasse num móvel, pedia desculpas." Apesar dos erros que cometeu, ela transformou a Troy Ford em uma das concessionárias mais bem-sucedidas dos Estados Unidos.

Quando Irma assumiu a direção, a empresa era bem pequena. Entretanto, ela estava de olho na Mary Falvey Motors, a única franquia da Jaguar na área de Detroit. Como executivas de empresas tradicionalmente dominadas por homens, Mary e Irma tinham muito em comum e cultivaram um bom relacionamento em anos de almoços de negócios. Irma era muito inteligente e sensível para pressionar a outra empresária. Mas, ao longo dos anos, repetiu delicadamente para Mary que, se algum dia pensasse em vender o negócio, primeiro falasse com ela. Foi o que aconteceu. Um belo dia, um dos almoços terminou em um bom acordo para as duas.

Escolher o momento certo é fundamental. Uma amiga que trabalha num banco conta que todo fim de ano seus subordinados vão procurá-la para conversar sobre revisão salarial. Eles sempre dizem que trabalharam muito e pedem um aumento, e ela responde que gostaria de lhes pagar mais, porém o orçamento do próximo ano já foi planejado. Os bobos aceitam, voltam para suas mesas, se sentem desestimulados e acabam pedindo demissão. Mas os espertos ficam atentos para descobrir quando será preparado o orçamento do outro ano para, então, apresentarem suas exigências.

Pense no momento certo sempre que planejar uma reunião de negócios. Leve em conta seu ritmo interno. Você é uma coruja que de manhã não funciona ou é daquelas que acorda e deita com as galinhas? Examine sua agenda. Se tiver de apanhar as crianças na escola às 16:00 em ponto, não marque uma reunião para discutir salário às 15:00. *Jamais* permita que um adversário marque uma reunião num momento desfavorável para você. Certamente terá problemas se concordar com um encontro com seu cliente no café da manhã, logo depois de cruzar o país num vôo noturno. Insista em adiar para um momento oportuno.

Pense também na conveniência do outro. Quanto mais bem disposto estiver o adversário, maiores serão as chances de se chegar a uma solução do tipo ganha-e-ganha. Mesmo porque uma pessoa mal-humorada não costuma ser complacente.

Cozinhemos o Negócio

Uma vez que você tenha em mãos a lista de convidados e a data, é hora de planejar o cardápio. Nada como dividir o pão para construir um relacionamento. Mesmo que você não tenha estabelecido uma relação com a pessoa antes de entrar num negócio, o simples gesto de oferecer um bule de café e uma bandeja de sanduíches promove a boa vontade. Comer junto com alguém reforça a idéia de que, sejam lá quais forem as diferenças, todos nós compartilhamos as necessidades básicas de sobrevivência.

Bobbe Lyon, comediante que faz palestras motivacionais, serviu um almoço inusitado numa tarde em que liderava uma sessão de comunicação para um grupo de executivos. Bobbe notou que os arrogantes empresários não conseguiam nem falar sobre amenidades nem ter uma conversa de negócios produtiva. Para quebrar o gelo, ela pediu cachorro-quente e sundaes em copinhos de plástico. Os homens, normalmente habituados a salmão e vinho, ficaram encantados com aquela refeição simples e divertida. "Eles começaram a falar de suas infâncias. Abaixaram a guarda e se tornaram um pouco mais produtivos", diz Bobbe.

Uma mulher experiente aconselha: "Alimente uma conversa, deixe um impasse morrer de fome." Depois de um longo dia de conversas empacadas, a advogada Anne Pope achou que estava na hora de acelerar as negociações. No fim do segundo dia, precisava fechar o negócio. Por isso, ela e seu sócio levaram os adversários para uma sala vazia, sem janelas. "Depois do almoço, não servimos mais nada, e era preciso ir ao saguão para usar o bebedouro. Na hora do jantar, eles estavam morrendo de fome e irritados. Chegamos a um acordo às oito da noite."

É uma pena que algumas pessoas interpretem equivocadamente o fato de uma mulher oferecer refrescos por delicadeza, achando que ela está aceitando um papel subserviente. Por isso, algumas executivas se recusam a se aproximar da máquina de café, especialmente quando estão negociando com oponentes machistas. Faça o que achar melhor. Se você sente que passar uma bandeja com café reduzirá sua autoridade, deixe o café sobre uma mesa para quem quiser se servir.

A promotora Laurel Bollows, uma esperta negociadora, acredita que um cafezinho fumegante pode balançar o adversário a seu favor: "Às vezes, sirvo o café um minuto antes de dizer as coisas mais duras da reunião."

No Seu Escritório? Ou no Dele?

Normalmente, uma mulher bem-educada jamais se convidaria para a casa de alguém. Mas, em negociações, não há nada de errado em sugerir que o outro lado faça o papel de anfitrião. A melhor opção – seja no seu escritório, no deles ou em algum ponto neutro com o qual todos concordam – é a que você acreditar que tenha maior probabilidade de produzir uma discussão agradável e frutífera.

Jeanette Wagner, vice-presidente da Estée Lauder, prefere ir para o "terreno deles", porque deixa os adversários mais à vontade. Ela procura sondar o local antes do início da conversa: "Aprendo mais sobre as pessoas vendo-as em seu ambiente. Procuro entender as relações do grupo. Um dos caras inclina a cabeça para o outro? Haverá uma eminência parda em algum canto? Todos esses indícios são úteis na negociação."

Ela aprendeu como essas visitas podem ser importantes quando a Estée Lauder chegou a um impasse com um empresário europeu. O problema, comum nas grandes multinacionais, era uma disputa por marca registrada. A Estée Lauder queria introduzir um novo produto no mercado, mas a pequena companhia do empresário já havia registrado a marca em muitos países. Assim, a Estée Lauder teria de mudar o nome de seu produto para esses mercados (um movimento caro e que poderia confundir os consumidores europeus) ou persuadir o empresário a vender os direitos ao nome da marca.

O presidente da companhia deu seu preço: três milhões de dólares. A cifra estava fora de questão, mas o mercado era valioso demais para ser abandonado sem briga. Jeanette, então, escreveu uma carta ao adversário: "Eu gostaria de ir a seu encontro, onde quer que você esteja." Intrigado, ele aceitou marcar uma reunião.

Ao descer do avião numa cidadezinha européia, Jeanette foi recebida pelo presidente, o filho dele e o advogado da companhia. O empresário ficou surpreso ao ver a grande executiva da multinacional sozinha e carregando sua própria bagagem: "Onde estão seus advogados?" Jeanette respondeu que estava ali só para bater um papo com ele. Se fosse levar alguém, teria avisado.

Desarmado, o presidente apresentou Jeanette à sua família e ao seu trabalho: "Encontrei a mulher dele e a filha, e comecei a ter um retrato daquele *self-made man*. Percebi que o dinheiro não era o essencial." Ele temia que renunciar à marca registrada prejudicasse seu negócio, impossibilitando-o de deixar uma empresa bem-sucedida para os filhos e netos. "Claro, ele ficaria satisfeito em pegar os três milhões de dólares se alguém estivesse disposto a pagar, mas esta não era a verdadeira questão. Ele queria nossa ajuda, nossa especialização. Isso nos custaria alguma coisa, mas não tanto." Chegaram a um acordo razoável, em que a Estée Lauder pagaria uma importância justa, ajudaria a recrutar uma boa equipe de marketing e atuaria como intermediária entre a pequena companhia e diversos distribuidores grandes. No caminho de volta ao aeroporto, o empresário levou Jeanette à sua padaria predileta para comprar um saco de rosquinhas com geléia. Como diria o presidente: foi tudo muito *gemütlich*... muito agradável!

Por outro lado, se você quiser mostrar ao adversário a sua situação, faça a reunião em seu terreno. Josie Ippolito, presidente de uma empresa de produtos alimentícios mexicanos, faz questão de convidar os fornecedores a visitarem sua indústria em Phoenix na hora de renegociar preços. Quando o visitante chega ao escritório, Josie providencia uma cadeira de frente para a janela que dá para o andar da produção e apresenta algumas projeções para dar idéia do crescimento da firma. Quando o fornecedor ouve que ela pretende aumentar seu pedido em 60 por cento e constata a capacidade de produção da fábrica, a probabilidade de fazer negócio é bem maior.

Se você espera grandes emoções, procure reunir-se em território neutro. Casais no meio de um divórcio se dão melhor quando se encontram em local neutro. Conversar num lugar sem memórias emocionais dá maior objetividade às negociações.

Independente de onde você marcar a reunião, é bom verificar previamente a iluminação e o nível de ruído do local. Você precisa ter certeza de que todos os participantes poderão se ver e se escutar sem distrações. Verifique se há luz suficiente para ler e escrever. Uma visita rápida ao local antes da reunião é essencial para evitar surpresas desagradáveis.

Muitos livros sobre negociação dirigidos a homens aconselham a observar a disposição das cadeiras e a atravessar a sala correndo para garantir o melhor lugar. Dizem que, se houver uma mesa comprida, deve-se procurar sempre o lado mais distante da porta para poder lançar olhares intimidadores aos adversários que entram. Se for uma mesa redonda, tente pegar o lugar mais perto do poderoso chefão. E, incitam os autores, sempre que possível, agarre a cadeira de espaldar mais alto.

A maioria das mulheres rejeita esses joguinhos de poder tão óbvios. Gun Denhart, presidente da Hanna Andersson, trabalha no quarto andar de uma antiga fábrica de bicicletas reformada, num escritório charmoso, mas sem nenhum elemento impressionante. A mesa de reuniões é redonda, rodeada por um conjunto de cadeiras idênticas: "Sempre que tenho uma reunião em meu escritório, faço-a em torno daquela mesa, para estarmos todos no mesmo nível. Gosto do consenso."

Uma estratégia simples para desarmar o adversário é sentar-se a seu lado e concordar com ele nas questões menores. Você começará a ser vista como parte da equipe dele – um ponto positivo quando surgirem as discordâncias. Quando espera uma discussão áspera, Theresa Montaño, do sindicato dos professores, pede para os membros da equipe se separarem e se sentarem lado a lado com os adversários: "Isso ajuda a quebrar a sensação do *nós contra eles* e tudo se torna mais cordial", diz ela.

Eu, pessoalmente, prefiro sentar lado a lado num sofá. Essa proximidade física quase obriga as pessoas a procurarem algo que tenham em comum.

Por fim, exatamente como se estivesse planejando um jantar, você terá de levar em conta os pequenos toques para criar um ambiente agradável na sala. Flores na mesa? Música tranqüila ao fundo? Esses detalhes não garantem um bom resultado, mas também não atrapalham. "Algumas pesquisas mostram que as pessoas são influenciadas por fatores aparentemente sem importância", afirma a professora Leigh Thompson.

Durante as conversações para a paz no Oriente Médio em 1993, Marianne Heiberg, mulher do então ministro de Relações Exteriores da Noruega, usou suas próprias armas secretas. Os negociadores muitas vezes se reuniam na espaçosa casa de campo de Marianne, nos arredores de Oslo. Sua hospitalidade e as refeições caseiras contribuíram para o tom das discussões. "Era importante ter a humanidade da vida num lar", disse Marianne, na época. "Estávamos juntos, comíamos juntos, convivíamos. É preciso contato social para negociar, é preciso que todos aprendam a interpretar uns aos outros."

Marianne percebeu que os árabes e os israelenses sempre interrompiam as argumentações bastante quentes quando Edvard, seu filho de quatro anos, entrava na sala. Às vezes, eles até paravam, sentavam-se no chão e brincavam com o menino. Por isso, ela fazia questão de levar Edvard com freqüência, acreditando que a presença dele lembrava aos negociadores de que estava em jogo nada menos do que a segurança de seus próprios filhos e netos e de todas as crianças cujos futuros seriam moldados por seu acordo.

O AMOR É UM MILAGRE, O CASAMENTO É UM CONTRATO: ACORDOS PRÉ-NUPCIAIS

Para a maioria das mulheres, a idéia de um arranjo pré-nupcial é muito desagradável. Se a fortuna maior é dele, num grande gesto magnânimo você assina a papelada sem pensar, renunciando a qualquer direito. Afinal de contas, você está apaixonada por ele, não pelo dinheiro dele. Se é você quem tem uma pilha de bens, preferiria cortar a língua a pedir ao seu amado para assinar um papel fazendo o mesmo. Daria a impressão de não confiar nele.

Tudo isso é muito romântico, muito idealista... e pura tolice!

Você sabe o que é realmente o casamento? Para algumas pessoas é um sacramento, para outras é uma declaração pública de amor – mas aos olhos da lei é um contrato. Não há nada de errado naquelas discussões profundas, até altas horas, sobre os termos do contrato entre os dois. "Essa fase romântica aguda, enquanto você ainda acha graça quando o seu companheiro deixa a cueca no chão, é o momento perfeito para começar a falar sobre essas questões", diz Jacqueline Rickard, que escreveu um livro ensinando tudo sobre acordos pré-nupciais. "A comunicação termina sendo mais importante do que o documento que você cria."

Cá entre nós, e muito sinceramente, qualquer um que pense que "não é nada romântico" conversar sobre dinheiro, propriedades, filhos e morte ainda não cresceu o bastante para se casar. Se você não consegue tocar nesses assuntos agora, quando está pensando em começar? É justamente nesse período que você e seu amado estão criando os padrões de comunicação e negociação que moldarão todo o casamento.

No Brasil, o pacto pré-nupcial é regulado pelo Código Civil e não é possível estabelecer tantas condições para o caso de uma eventual dissolução do casamento como nos Estados Unidos. Mesmo assim, as mulheres devem pensar com cuidado sobre o regime de bens em que vão se casar: comunhão universal (em que todos os bens anteriores e posteriores ao casamento são comunicáveis), comunhão parcial (em que só os bens posteriores ao casamento são comunicáveis) e separação de bens (em que os bens de cada uma das partes, tanto anteriores como posteriores ao casamento, são incomunicáveis). "A mulher não pode se deixar levar pela emoção ao decidir sobre o regime de bens", alerta o advogado Paulo Lins e Silva, diretor internacional do Instituto Brasileiro de Direito de Família.

Ao sair de uma união estável de cinco anos, por exemplo, para um casamento, ela deve ser ainda mais cautelosa. "Muitos homens malandramente propõem se casar depois de uma longa convivência. Só que naquele período eles compraram bens no nome deles que, pela legislação da união estável, também pertenceriam à mulher", explica o advogado. Ao se casar pelo regime da comunhão parcial, a mulher está abrindo mão – muitas vezes sem saber – dos bens anteriores ao casamento que estiverem apenas em nome do companheiro. "Aí, o passado morreu, e a mulher acaba sendo prejudicada", adverte Lins e Silva.

Por isso, vamos deixar o romantismo de lado e conversar sobre certas questões da vida real que talvez deixem você e seu Príncipe Encantado perplexos.

Questões da vida real
Ele (ou a família dele) é rico e você não é

Esta é uma clássica situação pré-nupcial. Aparece um cara incrivelmente rico, deslumbrante e talentoso que a deixa apaixonada. Quando ele vê estrelinhas brilhando nos seus olhos, pergunta: "Você assinará um contrato pré-nupcial?" Você responde sem hesitar: "Qualquer coisa, meu bem." E os dois vão até o escritório do advogado dele, onde você alegremente põe a sua assinatura em um documento que, no improvável caso de um divórcio, estipula que o amado lhe entregará um cheque de quinhentos mil dólares e aplicará um beijinho de adeus em seu rosto. Por que não? Você não está se casando com ele por causa dos milhões, está derretida de paixão. Jamais se divorciará dele, portanto, é só uma bobagem. Além disso, para falar a verdade, meio milhão é mais dinheiro do que você pode imaginar!

Se assinar sem pensar duas vezes, você estará cometendo um equívoco. Este é um documento com imensas implicações para você, seus filhos e até seus netos. Portanto, não assine com um sorriso. Quando ele lhe falar, diga que você gostaria que o seu próprio advogado examinasse o documento. Pergunte por que ele quer um acordo pré-nupcial. Algum casamento anterior terminou em um divórcio desagradável? Ele tem medo de que nenhuma mulher possa amá-lo por si mesmo e não por seus bilhões? Pergunte como ele chegou a esta cifra tão precisa de quinhentos mil. Tudo isso pode ser dito com serenidade e franqueza. Ele tem os seus direitos, você tem os seus, e o casamento será uma permanente negociação de direitos, grandes e pequenos.

Muita coisa pode acontecer durante um casamento, mesmo quando os dois se amam carinhosamente. Um pai ou mãe com problemas, um filho com doença crônica, uma queda na bolsa de valores – essas são apenas algumas das variáveis que podem perturbar um relacionamento. Se você assinar aquele papel, estará dando a ele permissão para ir embora quando as coisas se complicarem, sem levar você em consideração. Se não é o que você quer, diga isso. Com serenidade, carinho e franqueza. É um direito seu.

Você é uma milionária e ele é o seu jardineiro

Bom, se você acha um pouco exagerado, você e a sua melhor amiga são sócias num sebo refinado e ele é um cliente com mestrado em Poesia Francesa. Sejam quais forem os detalhes, você tem mais bens do que ele. E acha muito esquisito pedir que ele assine um acordo pré-nupcial – ainda que a sua sócia, veterana de batalhas maritais, esteja histérica com a idéia de você se casar sem nenhum contrato.

Um acordo pré-nupcial pode ser a melhor maneira de colocar esse feixe de relacionamentos em seu lugar. Converse em separado com a sua amiga e com o seu noivo sobre como eles acham que as coisas vão se desenrolar nos próximos dez anos. O que acontecerá se o seu noivo terminar o doutorado e receber uma oferta de emprego numa universidade a dois mil e tantos quilômetros de distância? Vocês poderiam abrir uma filial nesse lugar ou a sócia teria de comprar a sua parte? Se um cliente mal-humorado sobe numa estante e quebra a perna, você e seu novo marido terminariam perdendo a casa devido ao conseqüente processo? Será preciso conversarem sobre todos esses aspectos e encontrarem soluções viáveis. "Se você tem alguma coisa que realmente deseja proteger, a melhor maneira é falar abertamente sobre a questão", afirma Jacqueline Rickard. "Terá de fazer seu noivo saber exatamente a sua situação e o que você quer."

Não vamos aqui detalhar todas as situações possíveis.

Advogados existem para isso e para orientá-la. O importante é não se deixar cegar pela paixão – ou pela intimidação – e assinar, ou deixar de assinar, contratos que se revelarão fundamentais no correr da vida conjugal, até para evitar conflitos e mal-entendidos.

Você tem filhos de um relacionamento anterior

Neste caso, você deve tomar conta dos interesses de seus filhos, especialmente se possui uma casa e outros bens do casamento anterior. Também terá de imaginar a que altura do casamento a casa se torna o "nosso lar", e as crianças, os "nossos filhos". Essa pode ser uma situação complicada, como Jacqueline sabe por experiência própria. Depois de um divórcio difícil, ela tinha medo de se casar de novo. "Queria proteger meus filhos e a herança deles", diz ela. No começo, o futuro marido teve um choque. "Depois que expliquei que o acordo também estaria levando em conta os filhos dele, tudo passou a ser visto de uma perspectiva diferente."

O acordo pré-nupcial deve refletir sua situação pessoal. Se os seus filhos são muito pequenos e você não pode contar com o pai deles, como fica a relação financeira da família? Nesse exato momento, pode fazer sentido para você dividir os bens segundo as linhagens de sangue. Mas... e se este homem leva seus filhos para assistir aos jogos da escola, aplaude-os na formatura do segundo grau e leva a menina pelo braço no dia do casamento, eles não se sentirão cruelmente deserdados se não forem mencionados no testamento dele?

Não existe nenhuma resposta certa para esse caso. Certifique-se apenas de que você e seu futuro marido estejam de acordo antes de embarcarem na difícil tarefa de misturar famílias.

NÃO ASSINE SE...

...você sente que o noivo considera o acordo um teste do seu amor por ele

É muito difícil endurecer o coração para um homem adorável que foi ferido em relacionamentos dolorosos com a família ou com outra mulher. "Essa é uma grande armadilha", adverte Jacqueline. "Muitas mulheres acreditam que mudarão seus esposos por meio do amor. Pessoas carentes simplesmente permanecem carentes. Se a pessoa tem um medo real profundamente enraizado, terá de tratar desse medo sozinha." Assinar um acordo injusto só para tranqüilizar um amante inseguro é uma mensagem afirmando que as ansiedades dele são mais importantes do que a sua própria segurança. Se os temores não desaparecerem e mais tarde as feridas emocionais dele acabarem com o casamento, você terminará sendo castigada por ter um coração amoroso e altruísta.

...você não tem seu próprio advogado

Você precisa levar qualquer acordo que seja a um advogado com experiência em Direito de Família e contratos pré-nupciais. Também deveria conversar com um especialista em planejamento financeiro para certificar-se de estar levando em conta todas as possíveis variáveis antes de assinar.

...o noivo lhe entrega um acordo pré-nupcial na manhã do casamento

Isso aconteceu com uma das minhas melhores amigas: pouco antes de sair correndo para arrumar o cabelo e o véu, o pai de seu noivo lhe disse para assinar um acordo pré-nupcial ou não haveria casamento. Atordoada, ela só conseguia pensar no quanto aquele casamento havia custado a seus pais e no tempo que todos os seus amigos e parentes haviam viajado para estar a seu lado nesse dia. Por isso, ela assinou – sem dizer uma palavra a ninguém. Passei o dia todo ao lado dela, ajudando-a a se arrumar, e nunca tinha visto uma noiva tão perturbada e furiosa. Somente muitos anos depois, quando o casamento acabou, é que ela confessou o que havia contecido.

Geralmente os tribunais não apóiam um contrato pré-nupcial assinado sob coação – e a ameaça de cancelar um casamento quando a igreja está cheia de flores deveria ser considerada coação. Mesmo com a ameaça, você não deve assinar o papel.

"Você e seu noivo precisam conversar sobre a questão em um lugar sossegado. Em vez de ficar histérica e ceder, ou ficar histérica e ter um chilique, é melhor abrir os ouvidos e procurar descobrir o que terá transformado o seu amado nesse estranho que brande um ultimato", diz Jacqueline. "Feche a porta, deixe o pessoal do bufê esperando. É um choque emocional quando alguém a quem você ama e em quem deposita confiança faz uma coisas dessas." Pense muito bem nisso tudo antes que ele coloque uma linda aliança em seu dedo. Sinto muito, mas, se você se deixar enrolar e assinar esse documento, posso garantir que esse não será o último dia especial da sua vida que esse homem estragará. Se ele insistir, junte a saia comprida de seu vestido branco e dê o fora.

FIM DAS LÁGRIMAS: COMO EVITAR O CHORO

Meninas grandes não choram

Ah, sim, nós sabemos muito bem que você é emotiva e tem um coração mole! Achamos muito bonitinho que você chore em filmes sentimentais e nos teatrinhos do jardim-de-infância. Acontece que na hora de negociar, você terá de deixar de lado o lenço. "Nada de choro em uma negociação", diz a produtora de cinema Lynda Obst.

No trabalho, lágrimas fazem você parecer infantil ou histérica. "Você deixa de ser levada a sério", comenta Elaine, uma editora nova-iorquina. Até em casa o choro pode fazer você parecer manipuladora e instável. Quando está lidando com crianças, seus soluços podem ser imensamente perturbadores.

Certas mulheres admitem descaradamente que usam as lágrimas para abrir caminho em negociações íntimas. É verdade que alguns homens não prestam nenhuma atenção até você se desmanchar em lágrimas. Contudo, essa abordagem é arriscada e, em última análise, autodestrutiva. Essas explosões não são boas para sua saúde física nem mental. Não estou falando aqui das lágrimas inevitáveis causadas pela dor, mas das que são usadas como instrumento de chantagem emocional. É muito bom expressar as emoções, mas se rasgar em pedacinhos não é. Além disso, você descobrirá que aquele mesmo sujeito que há cinco anos não suportava enxergar uma lágrima brilhando no canto de seus olhos hoje apenas revira os olhos quando a vê soluçando com o rosto enfiado na almofada do sofá. Se você quer apresentar um argumento sério, procure fazê-lo num momento em que conseguir controlar as lágrimas.

Então, o que deve fazer uma boazinha superestressada? Vou lhe dar algumas dicas:

Olhe para cima

Quando se olha para cima, os canais lacrimais são apertados e seguram as lágrimas. Em todo caso, não se esqueça de que essa é apenas uma solução temporária: vai ficar esquisito você passar a reunião toda olhando para o teto.

Planeje cuidadosamente as suas batalhas

Tanto quanto possível, evite negociações árduas quando estiver se sentindo fragilizada. Imagine que você passou noites em claro para entregar um trabalho urgente dentro do prazo e depois descobriu que o crédito foi todo para a sua chefe. Não irrompa dentro da sala dela assim, maldormida e emocionalmente esgotada, para pedir justiça. Você vai se desgastar inutilmente. Em vez disso, procure sair da cidade e passar um fim de semana tranqüilo, descansando e esfriando a cabeça. Converse com amigos sensatos. Depois, escreva sua posição num memorando claro e sereno e peça para marcar uma reunião no momento em que se sentir mais forte.

Suspenda a sessão

Se você estiver numa reunião tensa e sentir a cachoeira ameaçando, peça uma pausa. Invente uma desculpa: tomar um copo de água ou dar um telefonema rápido. Diga que é melhor deixar para resolver aquilo mais tarde e espere até se sentir melhor. (Uma alternativa um tanto indigna é o golpe do celular: se as coisas ficarem muito sérias, finja que recebeu uma chamada e peça alguns minutos para responder a essa "emergência".) Cuidado: se você é do tipo que chora à toa, vá de cara limpa ou ande sempre com seu estojinho de maquiagem. Não esqueça que sair do banheiro feminino com a maquiagem refeita é se entregar ao pelotão de fuzilamento.

Explique o que está acontecendo

Às vezes, as lágrimas nada têm a ver com a negociação. Mary Ellen, amiga da Beth, passou por uma fase horrível no ano passado, quando seu pai esteve gravemente doente. Todos os dias havia uma nova crise, e chegou ao ponto em que Mary Ellen chorava cada vez que o telefone tocava. Imagine o quanto isso afetou suas relações no trabalho. Em reuniões com clientes, quase sem aviso, ela se via com um nó na garganta e lágrimas escorrendo pelo rosto. "Eu me acostumei a levar sempre uma caixa de lenços de papel", diz ela. "Explicava que estava passando por um momento difícil e simplesmente continuava." Mary Ellen fazia questão de que sua explicação fosse o mais sucinta possível para que não parecesse estar pedindo solidariedade e deixava sempre muito claro que aquilo não tinha nada a ver com o trabalho.

Não há dúvida de que, às vezes, um bom choro é um excelente desabafo. Saboreie seu choro quando estiver sozinha, assistindo a um vídeo emocionante. Chore, então, para valer.

Capítulo 6

A Dança da Negociação

Feche os olhos por um segundo e imagine-se dançando. Você talvez seja uma debutante num vestido branco flutuante, girando nervosamente o anel no dedo enquanto um rapaz lindo caminha decidido na sua direção – ou, quem sabe, você é tão encabulada que nem repara no rapazinho igualmente tímido que fica rondando, reunindo coragem enquanto a orquestra toca uma música romântica. Você também pode ser aquela simpática mãe de meia-idade que foi acompanhar a filha ao baile de formatura, espantada com o convite do professor de Física para a próxima valsa. Pronta ou não, é hora de dançar.

Pode parecer engraçado, mas as habilidades que você usa tão facilmente em outras áreas de sua vida são igualmente eficazes quando chega a hora de negociar. O ritual da negociação é bem parecido em muitos aspectos com rodopiar com um parceiro pelo salão de festas. Quando começa a música, é hora de dançar. Você poderá estar nos braços de alguém conhecido ou ser arrastada por um estranho que está criando sua coreografia naquele momento. Talvez seja o início de uma parceria de toda a vida ou talvez você esteja apenas preocupada com a idéia de chegar ao fim da música sem quebrar o tornozelo. Quem sabe? Quem sabe aparece alguém mais atraente oferecendo um negócio melhor? Depois de iniciada a música, tudo pode acontecer.

Postura Confiante

Quando chega a hora de entrar no salão de dança, o melhor conselho ainda está no livro de etiqueta de Emily Post, de 1922. No capítulo "O que faz de uma jovem o sucesso do baile", a autora diz que o mais importante é "não ter medo e parecer estar gostando muito de tudo". Esse é um conselho igualmente sábio para a mulher que se aventura no mundo dos negócios. Se você estiver confiante (ou pelo menos parecendo confiante), será um bom começo.

Há vinte e três anos trabalhando no setor de marketing da fábrica de lingerie Du Loren, a diretora Denise Areal tem uma enorme autoconfiança. Resultado dos anos de experiência atuando em todas as pontas da negociação. Com os fornecedores, ela briga para conseguir preços baixos, prazo de pagamento e qualidade. Ao se sentar com os compradores, a batalha é para vender bem seus produtos. "Consigo o que quero 99 por cento das vezes", afirma. "O segredo é não titubear. Apresentar seus argumentos com segurança." Para isso, Denise se prepara bastante antes da negociação: analisa planilhas de custos e faz muitos cálculos. Depois, escuta atentamente o adversário para poder rebater o que ele diz.

A diretora acredita que é muito persuasiva: "Negociação é encantamento." Para encantar, ela busca ganhar a confiança da outra parte. "Só defendo as coisas em que acredito. Meus clientes sabem que só vendo o que é bom para eles. Sei qual modelo vende bem numa loja especializada e qual vai fazer sucesso nas Lojas Americanas. Construo relacionamentos baseados na verdade. Se não for assim, você faz uma venda só, não sobrevive no mercado", explica.

A autoconfiança ajuda você a manter a cabeça erguida quando seu parceiro começar a sussurrar uma conversa-fiada no seu ouvido. Em seu estudo sobre as diferenças entre os sexos, as psicólogas Eleanor Emmons Maccoby e Carol Nagy Jacklin descobriram que as mulheres não são necessariamente mais fáceis de se persuadir do que os homens. Elas chegaram à conclusão de que pessoas com menos autoconfiança, sejam homens ou mulheres, têm maior probabilidade de serem vítimas de conversa-fiada. "As pessoas que acreditam estar mal informadas sobre uma questão mudam rapidamente de idéia, sejam ou não realmente menos bem informadas do que outras", observam elas.

Pense em todas aquelas vezes em que você acabou fazendo uma coisa que não queria só porque quem a convenceu se mostrava mais seguro e afirmativo. Nossa amiga Kim ainda se lembra de um encontro especialmente doloroso. Naquela época, há mais de dez anos, ela era a presidente do conselho de uma organização que trabalhava com os sem-teto. O conselho estava organizando seu mais importante evento para levantar fundos, e um dos membros trouxera dois novos voluntários para ajudar. Um deles era um jovem advogado de uma firma poderosa, e o outro, uma executiva em ascensão numa grande empresa. Os dois apareceram com roupas de grife e sapatos caríssimos, deixando a inexperiente Kim – com uma calça surrada, tênis, camiseta e rabo-de-cavalo – bastante intimidada.

Quando o plano para levantar dinheiro entrou em discussão, o casal tomou conta do salão. Os dois insistiram que a melhor estratégia seria organizar uma festa de Natal deslumbrante na luxuosa cobertura do edifício onde ficava a firma do advogado. Os novos voluntários garantiram que conseguiriam a cobertura de graça e propuseram fazer um evento fabuloso por quarenta dólares por pessoa. Apesar da avassaladora autoconfiança da dupla, Kim sentiu-se preocupada. Quarenta pratas parecia um preço muito alto. "Bobagem", riram os grã-finos. "Ora, gasta-se cem por casal sempre que se sai de casa!" Para Kim, uma boa noitada significava pizza e vídeo, mas ela imaginou que o par deveria ter dúzias de amigos bem de vida. Apesar dos frágeis protestos de Kim, o conselho aprovou a festa na cobertura.

Sempre muito boazinha, Kim começou a trabalhar nesse evento de sonho, que rapidamente se transformou em pesadelo. Sim, a cobertura era de graça. Mas um contrato do edifício dava ao restaurante chiquérrimo do térreo o monopólio de todos os banquetes e festas, e a gerente do restaurante não tinha nenhuma intenção de reduzir sua margem de lucro para ajudar uma boa causa. A coitada da Kim teve de pedir a seus amigos sem grana para gastar oitenta dólares num suntuoso jantar de sanduíches de rosbife com salada de batatas. "Foi horrível", conta ela. "Terminei vendendo só dez entradas, sendo que cinco eu mesma comprei. A maioria dos meus amigos não tinha dinheiro para ir."

O evento rendeu pouquíssimo. Na semana seguinte, Kim foi chamada à sala do irado diretor executivo da organização, que demitiu todo o conselho. "Se eu não tivesse me deixado intimidar... Mas os dois pareciam saber do que falavam", lamenta-se Kim.

Muito, muito cuidado com essas pessoas. Por mais que as roupas sejam de grife, o currículo pareça um catálogo telefônico e o tom de voz misture segurança com uma certa condescendência com as opiniões dos outros, faça com que sua intuição, seu bom senso e sua experiência falem mais alto.

Dançar de Costas e de Salto Alto

Lembre-se da diferença entre autoconfiança e teimosia. Se insistir em comandar os passos da dança porque só você sabe sambar, talvez nunca aprenda a valsar. Se você parece "amistosa e razoável desde o começo", seu parceiro provavelmente copiará seu estilo, dizem os especialistas em negociação Roy Lewicki e Joseph Litterer. Negociadores que partem do pressuposto de que seus adversários brigarão a cada rodada em geral terminam fazendo isso, ainda que tenham afinidades. Depois de analisar dúzias de estudos envolvendo mais de cinco mil pessoas, Leigh Thompson descobriu que, em cerca de metade dos casos, os negociadores não perceberam que tinham objetivos compatíveis.

Será que isto significa que você deve baixar a guarda já na porta de entrada? De maneira alguma. Você não deve acompanhar mansamente seu parceiro num tango se a banda estiver tocando um bolero. Mas também deve deixá-lo assumir o comando de vez em quando. Em vez de confiar cegamente na outra parte, é importante perceber que confiança e desconfiança podem coexistir num relacionamento.

Ann McMillan, mediadora em uma Vara de Família, descreve uma cena comum nos casos de divórcio. O pai afirma agressivamente que não renunciará à guarda dos filhos. Quando parece haver um impasse, Ann resolve sondar mais a fundo, e ele revela sua verdadeira preocupação: "Eu só quero ver meus filhos. Tenho medo de que, se não conseguir a guarda, não poderei mais ver as crianças." A esposa reage atônita: "Nunca tive a intenção de afastar as crianças de você! Acho que você é um bom pai!" Aí, eles olham um para o outro e percebem que ambos desejam o mesmo para seus filhos: um relacionamento sólido com o pai e com a mãe. A essa altura, diz Ann, eles geralmente param de brigar, deixam a desconfiança de lado por alguns minutos e chegam juntos a um acordo sobre a guarda dos filhos.

Mesmo em discussões menos acaloradas, você talvez precise escutar atentamente para ouvir o que a banda está de fato tocando. A maneira engenhosa de encontrar o tom para se harmonizar com seu adversário é fazendo uma série de perguntas do tipo "e se": E se fizéssemos assim? E se fizéssemos assado? Talvez demore tantas rodadas que você esteja a ponto de perguntar: "E se eu chutasse a sua perna?" Mas mantenha a calma e continue dançando. Procurar descobrir o que funciona e o que não funciona servirá para indicar uma solução.

Abandonando o Salão de Dança

Não é preciso dizer que a maioria das boazinhas é romântica. Nós adoramos ficar acordadas até bem tarde da noite, vendo velhos dramas de época, em que a frágil heroína saracoteia dentro daquelas imensas saias-balão. Nesses filmes, em geral, há uma cena em que a mocinha é insultada, recolhe as saias e corre para fora do salão com a compostura abalada, mas a virtude intacta.

Não faça uma coisa dessas. Jamais. Não deve haver nenhuma corridinha, nenhum choro, nenhum turbilhão, nenhuma lamúria. Você não é a Scarlet O'Hara do filme *E... o Vento Levou*. É uma mulher adulta, numa situação adulta. Comporte-se.

Quando perde a compostura, geralmente você sai perdendo na

negociação. Whitney Johns Martin aprendeu uma lição memorável ao dar de cara com um par de ursos cinzentos. Na época, ela vivia em conflito com seu sócio num fundo de investimento.

Antes de uma reunião importante para decidir o futuro da associação, Whitney foi passar o fim de semana em sua casa de campo, ao lado de um parque nacional. Ela resolveu sair com o sobrinho para dar um passeio pela mata e acabou cruzando com dois ursos cinzentos. O sobrinho de Whitney, muito assustado, sussurrou: "E agora, vamos sair correndo?" Com o coração disparado, ela respondeu: "Calma, Travis, você não corre mais do que um urso desses." Whitney conseguiu manter a calma e continuou caminhando, enquanto os dois gigantes peludos olhavam. "Os ursos podiam ter nos comido, mas tivemos sorte!", admite ela.

Na segunda-feira de manhã, Whitney percebeu que seu sócio podia até ser meio desagradável, mas não era tão ameaçador. Quando ele começou a atacar sua competência, Whitney manteve a calma. "Pensei comigo que não era um caso de vida ou morte. Ele não era um urso cinzento. Não podia me matar. No máximo, diria coisas mesquinhas." Aí, ela encostou na cadeira e escutou serenamente enquanto o sócio temperamental aumentava cada vez mais suas exigências. "Parecia que era ele ou eu", conta Whitney. "Mas eu tinha certeza de que não iria sair da firma. Eu me sentia segura e confiante." Resultado: o sócio saiu e ela ficou.

Aulas de Dança

Talvez você tenha idade suficiente para se lembrar daquelas antigas academias de dança em que se aprendia a dançar seguindo os passos pintados no chão. Ou é da geração que rejeitava todos aqueles movimentos rígidos e preferia sacolejar-se individualmente, seguindo seu próprio ritmo. Seja lá qual for, os dois tipos podem coexistir pacificamente em torno da mesa de negociação. Você apenas terá de descobrir se o seu parceiro gosta de dançar seguindo os passos pintados ou se prefere o improviso.

Lucinda Duncalfe Holt, presidente da Destiny WebSolutions, é fã da abordagem direta. Quando mal havia saído da faculdade e gerenciava o escritório da Filadélfia de uma pequena firma de tecnologia, seu chefe pediu-lhe para se mudar para a filial de Nova York. Lucinda calculou quanto precisaria para manter a mesma qualidade de vida na Big Apple. Depois, apresentou ao chefe sua exigência salarial: quarenta e oito mil dólares – exatamente o dobro do que recebia. Quando veio a contraproposta de quarenta mil dólares, ela não aceitou. Ao perceber que ela falava sério, o chefe aceitou seu pedido.

A estratégia de Lucinda estava baseada em seu treinamento nas artes marciais: "Se você dá um soco usando 90 por cento de sua força, pode não conseguir o que deseja. Ou se usa toda a força ou se perde." Para ela, colocar na mesa sua posição é a maneira mais eficaz de fazer negócios: "Acredito na honestidade e não tenho tempo para ficar fazendo pose. Calculo o que é justo, apresento minha proposta e a mantenho." Lucinda acredita que ser direta é uma vantagem estratégica, pois a franqueza desconcerta o outro lado. Isso não quer dizer que ela não acolha uma contraproposta equilibrada ou que não tente encontrar uma solução satisfatória para ambos.

Há outros negociadores que preferem dar voltas pelo salão antes de fechar um negócio. É o caso de Abbie Strassler, gerente-geral de uma produtora de espetáculos de Nova York, que montou diversos shows da Broadway. Quando tenta atrair uma estrela para um espetáculo, ela sempre deixa muito espaço para manobras. Sabe que está lidando com celebridades e agentes que não se sentirão bem se não acharem que arrancaram algumas concessões dos produtores. "Começo dizendo que não pagarei o camarim. Acabo pagando. Ou então que, como estamos pagando tanta coisa, o ator pode muito bem ir e voltar do teatro por conta própria." Ela sabe perfeitamente que terminará pagando a conta do carro e o motorista. O agente também sabe. Abbie, na verdade, está apenas criando maneiras fáceis para os dois lados trocarem concessões enquanto trabalham para chegar ao *sim*.

Quando começar a fazer concessões, certifique-se de que você e a pessoa do outro lado da mesa estejam renunciando a questões de valor equivalente. Para evitar abrir mão de muita coisa, deixe a outra parte apresentar sua proposta toda antes de responder. "Espere até ouvir tudo", aconselha a advogada Linda Chaplik Harris. "Digamos que existam vinte questões. Você poderá concordar em aceitar dez, se isso servir para fechar o negócio. Mas, se tratar de caso a caso, sem uma visão geral, provavelmente terminará renunciando a mais do que essas dez."

Segredos Estratégicos

A avó de Amy Louise, uma velha amiga do Texas, era uma dama à moda antiga. Ela abanava a cabeça sempre que via a neta desarrumada, com a alça do sutiã aparecendo. "Minha querida", dizia, "uma verdadeira dama jamais deixa um homem saber que ela está usando alguma coisa por baixo do vestido."

Esse conselho da vovó também serve para as negociadoras. Você precisa saber claramente o que deseja revelar e o que prefere esconder. "O importante não é saber *se* a informação deve ser dada, mas *que* informação revelar", escreve a professora Leigh Thompson. Ela chama a atenção para uma pesquisa que aponta que os negociadores que compartilham suas prioridades com os adversários têm probabilidades bem maiores de chegar a excelentes acordos. Portanto, não se preocupe com a sua vulnerabilidade e deixe o outro lado saber o que você quer. É mais eficiente tornar pública a sua lista de prioridades e pedir ao adversário para fazer o mesmo. Se ele não tiver uma lista, ajude-o a escrever uma ali mesmo, na hora.

Às vezes, a boa estratégia é revelar informações confidenciais – tática que um dos colegas de Jeanette Wagner chama de "dura verdade". Se a Estée Lauder precisa melhorar os lucros numa loja de varejo e o proprietário não se esforça, o colega de Jeanette mostra o demonstrativo de lucros esperado para aquela loja – uma informação confidencial. "Ele dirá algo assim: 'Este é o nosso mínimo, precisamos da sua ajuda para ganhar mais.' Isso quebra o impasse e abre um novo diálogo" – explica Jeanette.

No entanto, há duas informações que você deveria guardar para si mesma. Em primeiro lugar, jamais conte qual é seu limite, aquele ponto a partir do qual o negócio deixa de ter sentido. Se você é a compradora e o vendedor sabe qual é o preço mais alto que está disposta a pagar, é óbvio que ele tentará chegar a esse preço. Também é aconselhável não demonstrar a urgência do negócio. Sabendo que você está correndo contra o relógio, o adversário tentará arrancar mais concessões.

Quem Faz o Primeiro Movimento?

Na época em que as garotas eram apresentadas à sociedade nos bailes de debutantes, era sempre o cavalheiro que convidava a mocinha para dançar. Naquele tempo, nem pensar que o convite partisse de uma jovem.

As garotas emancipadas de hoje fariam muito bem seguindo o exemplo daquelas mocinhas pudicas – pelo menos quando estão na mesa da negociação. Sempre que possível, deixe o adversário fazer a primeira oferta, dando a partida para a negociação. Isso é especialmente importante quando ele tem acesso a alguma informação secreta que você não possui. Por exemplo, uma empregadora em perspectiva sabe o nível salarial que tem em mente. Se você lançar um valor qualquer, poderá estar dando um preço que a tira de um emprego, ou se prendendo num salário muito abaixo do que ela está preparada para pagar.

Lembre-se também de que as debutantes tomavam o cuidado de não aceitar o primeiro convite que recebiam. Bruce Barry e Ray Friedman, professores da Vanderbilt University, publicaram um estudo sobre a relação entre tipos de personalidade e estratégias de negociação. Eles descobriram que as pessoas "sociáveis, falantes e animadas" (como as boazinhas) muitas vezes são influenciadas pela primeira proposta. Se o vendedor dizia que o preço de determinada coisa era quarenta dólares, as pessoas mais "generosas, cooperativas e flexíveis" davam àquela cifra inicial uma atenção indevida e terminavam pagando mais e obtendo menos. Em outras palavras, os bonzinhos saíam perdendo.

Isso acontece especialmente com as boazinhas, porque nós não confiamos em nosso próprio julgamento e sobretudo queremos sempre fazer novos amigos. Tentamos evitar o conflito. Quando alguém de fala macia entra com uma oferta bem distante do nosso cálculo, levamos um certo susto, para logo em seguida achar que estávamos equivocadas em relação ao mercado.

Beth recebeu grandes lições de um velho amigo que sempre conseguia comprar imóveis por uma pechincha. "Sempre faço uma primeira oferta muito abaixo do preço", diz ele. "Você se surpreenderia ao saber como é comum alguém aceitá-la." Ela se lembrou disso quando colocou sua primeira casa à venda. Beth estava pedindo cento e sessenta e cinco mil, pouco mais do que o suficiente para empatar com o investimento feito. A casa ficava numa região desvalorizada, e ela estava desesperada para se mudar. Depois de meses, apareceu uma oferta: cento e cinco mil. Ela se lembrou do velho amigo e percebeu que o comprador em potencial estava usando a mesma tática. Deu uma risadinha e disse à corretora para fazer a contraproposta de cento e sessenta mil. Chegaram a um acordo em cento e cinqüenta e cinco mil.

Quando for sua vez de fazer a primeira proposta, não se intimide. Os professores Friedman e Barry sublinham o quanto pode ser eficaz uma oferta extrema, desde que não seja ofensiva.

A Multidão Enlouquece

No final daqueles maravilhosos filmes com Ginger Rogers e Fred Astaire, os dois rodopiam pelo salão, observados por uma extasiada multidão de admiradores. De alguma forma, os dançarinos parecem ganhar mais graça e mais glamour quando são admirados por uma sofisticada platéia. Você descobrirá que a sua dança em torno da mesa de negociação também melhora com uma platéia atenta, especialmente se o parceiro estiver pisando no seu pé.

Quando trabalhava na Dupont, a advogada Faith Wohl usou a participação da platéia a seu favor para convencer a empresa a melhorar sua política de benefícios para a família dos empregados. "Soltamos na imprensa algumas idéias novas sobre a nossa própria força de trabalho que influenciaram os dirigentes da Dupont. Foi uma estratégia muito útil."

A tática teve um bom retorno. Jornais de grande circulação nos Estados Unidos escreveram sobre as políticas inovadoras da Dupont em relação às famílias dos empregados. A companhia se sentiu pressionada a continuar melhorando seus programas nesse sentido. Em 1992, a Dupont foi classificada entre as cem melhores empresas americanas para mães trabalhadoras. "Embora, na minha opinião, não merecesse, era um padrão ao qual a Dupont teria de corresponder", diz Faith.

Nem sempre é necessário ter uma platéia nacional. Às vezes, apenas imaginar que a sua melhor amiga desejará saber todos os detalhes pode ser o suficiente para fortalecer a sua decisão. "As pessoas negociam mais firmemente quando outros as observam", comenta G. Richard Shell, da Warton School of Business. "É por isso que os negociadores trabalhistas são tão duros. Eles sabem que as bases estão observando cada um de seus movimentos." Portanto, quando estiver pronta para começar a negociação, explique a alguém sua estratégia e seus objetivos. E prometa contar os resultados obtidos.

No Salão

Dançar não é só memorizar os passos. Para realmente aprender, é preciso ver os dançarinos em ação. O perfil de Alice nos mostra que é preciso ter coragem de se entregar à música.

Depois de anos de um casamento feliz com um homem encantador, Alice de repente descobriu que estava vivendo com um monstro. "Meu marido começou a me gozar, a me diminuir e a me tratar como se eu fosse empregada dele", recorda ela.

Embora não saiba exatamente o que desencadeou esse furor, o comportamento dele foi piorando cada vez mais. Os filhos passaram a andar nas pontas dos pés para não serem notados pelo pai, professor de uma destacada universidade. "Tudo sempre tinha de ser como ele queria", lembra Alice. "Quando isso não acontecia, ele berrava, deixando todos apavorados. Tornou-se um homem violento, e eu me submetia por puro medo."

Apesar das periódicas erupções vulcânicas do marido, Alice tentava segurar o casamento: "No fundo, eu ainda acreditava que o casamento era até à morte, independente do que acontecesse. Fui me tornando um verdadeiro capacho."

Finalmente, ela se deu conta de que não queria viver assim para sempre. Então, começou a planejar cuidadosamente o fim do casamento. Primeiro, examinou as finanças, procurando obter um panorama claro da situação do casal. Para ter certeza de que seria capaz de pagar as contas depois do divórcio, passou a consultar um especialista em planejamento financeiro. Ela achava que sozinha não conseguiria sustentar os filhos, por isso resolveu agüentar firme até que todos terminassem o ensino médio.

Metodicamente, documentou a infidelidade do marido, reunindo provas que apoiassem sua petição de divórcio. Começou a freqüentar um terapeuta para ajudá-la a "tomar coragem para enfrentar o marido". Por fim, preparando-se para a batalha jurídica, procurou um jovem advogado que habilmente fizera o divórcio de uma amiga.

Os anos de planejamento valeram a pena quando ela decidiu anunciar o fim do casamento. Alice resolveu fazer o anúncio no Natal, quando todos os filhos estariam em casa para apoiá-la. Enquanto eles aguardavam ansiosos na cozinha, ela chamou o marido para conversar, dizendo que precisava falar sobre o casamento dos dois. Enfrentou-o, mencionando a amante: "Você tem essa outra vida. Não há mais nenhuma razão para continuarmos juntos."

Ela preparara tudo para não deixar espaço para nenhuma discussão. Disse-lhe que já preenchera a papelada jurídica, que ele receberia no dia seguinte, e foi o mais sucinta possível. O marido, furioso, recusou-se a sair de casa. Alice não tinha meios legais para expulsá-lo, de modo que, por cinco meses bastante incômodos, o casal compartilhou a moradia. Ela dormia no andar térreo, num quarto que fechava à chave.

O cerco terminou quando o marido recebeu um convite para ensinar por alguns meses no Japão. Enquanto ele esteve fora, Alice trocou a fechadura da porta. Ao voltar, o marido fez as malas e se mudou.

Quando o divórcio foi aprovado, Alice ficou não só com a metade da aposentadoria do marido como também obteve o melhor dos dois carros e um fundo mútuo que estava em nome do casal. Como o salário dele era o triplo do seu, o juiz concedeu a Alice uma pensão mensal de manutenção por três anos e meio.

Além disso, o marido arcou com a maior parte dos custos do divórcio.

Hoje, Alice está conseguindo se virar com seu modesto salário. Não tem uma vida financeiramente folgada, mas sabe que, se as coisas apertarem muito, poderá contar com a ajuda dos filhos. "Às vezes é difícil, mas estou sobrevivendo", diz ela. "Hoje não tenho muito dinheiro, mas sou feliz. Meus filhos sempre dizem que se orgulham de mim. A vida é boa."

UMA PARTILHA JUSTA: A NEGOCIAÇÃO DO SEU DIVÓRCIO

O amor pode cheirar mal.

Tá bom, este não é exatamente um sentimento adequado para uma boazinha. Mas quando você tem de enfrentar o fim de um romance que começou cheio de esperanças e promessas, é natural sentir-se amarga e vingativa.

Compreendemos e estamos profundamente solidárias. No entanto, temos a firme convicção de que as mulheres que se enfurecem e perdem o controle em geral terminam com a parte menor nos arranjos do divórcio. Está na hora de manter a cabeça fria e conter o mau humor. Embora esteja com a sensação de ter desperdiçado a sua doçura com um idiota ingrato que não vale a pena, você pode usar sua força para negociar um divórcio mais satisfatório. Não importa se a decisão partiu de você ou do seu marido, continue confiando na sua criatividade, empatia e capacidade de escutar para chegar a um acordo justo.

Apesar do que pensam muitas mulheres, a negociação do divórcio não é a hora da vingança. "Procure ser o mais razoável possível", recomenda Lynn Jacob, mediadora de divórcios e terapeuta de família. "Não se trata de matar o seu marido nem de certificar-se de que ele fique sem um tostão para comer", concorda a ex-deputada americana e especialista em leis de família Pat Schroeder. "Trata-se de obter um arranjo justo para você tocar sua vida."

Por mais que você seja tentada a fantasiar vinganças, o que de fato deseja é um acordo equilibrado que os dois possam aceitar. Não conseguindo, você corre o risco de passar os próximos dez anos em brigas pelos tribunais, tentando arrancar do ex-marido um cheque para sustento dos filhos, enquanto ele gasta a poupança para a universidade das crianças em advogados, numa vã tentativa de revisar o acordo.

Mesmo que seus joelhos tremam e você sinta um frio na barriga, muitas das lições que você já aprendeu sobre a negociação podem ajudá-la a obter o melhor acordo possível para você e para seus filhos. Ainda é possível uma abordagem ganha-e-ganha nesse momento de perda.

Primeira providência: use e abuse da respiração. Em qualquer momento de maior tensão, procure relaxar o corpo, inspire e expire profundamente algumas vezes e sinta seus dois pés bem apoiados no chão.

Para ajudá-la, aqui estão mais algumas dicas:

Contrate um profissional

É fundamental estar bem assessorada para ter a exata noção dos seus direitos e de todas as questões legais envolvidas em um divórcio. Corra, não caminhe, para um bom advogado. Você precisará de um especialista em Direito de Família para acompanhá-la em todo esse processo. Quanto antes começar, melhor. Se não tiver um advogado conhecido, peça indicação a amigas que já passaram por essa experiência.

Respeite sua intuição. O momento é difícil e sofrido, por isso esteja sempre acompanhada por pessoas – no caso, o advogado – que lhe inspirem confiança e com quem você tenha total liberdade para perguntar qualquer coisa. Se necessário, entreviste pessoalmente vários advogados e advogadas até encontrar um que lhe agrade. (Pergunte antes se a primeira entrevista é cobrada, para evitar surpresas.)

É preciso entender que o seu advogado lhe dirá algumas coisas que você não quer ouvir. O momento de transição será duro e é possível que você tenha de passar por uma queda em seu padrão de vida. Se você tem a expectativa de ficar com a casa e ser mãe em tempo integral até seu caçula terminar a universidade, é bem possível que se decepcione.

Depois de quinze anos de casamento, minha amiga Tina foi abandonada pelo marido. Ela sempre fora dona-de-casa em tempo integral e possuía um verdadeiro talento para esticar o modesto salário do marido. Quando ele a deixou, indiquei-lhe uma especialista em Direito de Família. Na primeira entrevista, Tina explicou que precisaria de, pelo menos, 80 por cento dos rendimentos de seu marido para o seu sustento e o do filho adolescente. "Meu bem, isso não é possível", disse delicadamente a advogada. "Você terá de arranjar um emprego." Tina se enfureceu e foi embora. Mais tarde o juiz lhe disse a mesma coisa. Teria sido melhor aceitar a realidade um pouco antes e começar a procurar um emprego.

Aviso: se o seu marido já arranjou um advogado, leve o nome dele para o seu. Dois advogados que já se enfrentaram com aspereza podem tornar o arranjo mais demorado e mais espinhoso do que o necessário. Além disso, seja lá o que você fizer, nem pense em contratar o mesmo advogado de seu marido. Será um bilhete sem volta para o desastre financeiro.

Faça uma investigação sobre a questão financeira

Não há dúvida, um divórcio exige um desalentador inventário das finanças da família. Você terá de saber os rendimentos de seu marido, os seus, o valor de sua casa e de todas as propriedades em comum (tanto no momento da compra como no momento do processo). Também será necessário ter uma contabilidade dos investimentos e das aposentadorias, uma listagem de todas as dívidas e das contas mensais.

Lembre-se de que divórcios podem transformar pessoas decentes em demônios. Se você planeja pedir o divórcio ou suspeita que seu marido está se preparando para dar o fora, tome providências para se proteger. Pergunte ao seu advogado se é melhor retirar metade do dinheiro que está em contas conjuntas. Cancele os cartões de crédito em conjunto e trate de proteger seus bens. (Leve em conta a possibilidade de alugar um cofre seguro de banco para guardar os seus objetos mais queridos. Nunca é demais se precaver.)

Acalme-se

Você talvez não tenha percebido, mas esteve negociando durante todos os dias de seu casamento – tomou conta da casa, criou os filhos e ainda trabalhou fora. Mesmo que o seu marido tenha um título impressionante e um salário altíssimo, não se esqueça de que ele é seu igual. "Raramente há um desequilíbrio total", insiste a mediadora Nancy Chausov Shafer. "Até mesmo nos relacionamentos em que o marido parece ter mais força."

Lembre-se da maneira como você conseguiu se defender durante o casamento. Não deixe as emoções toldarem sua capacidade de discernimento. Nas sessões de negociação cara a cara, pense que não se trata de uma discussão familiar, mas sim de um acordo empresarial. É claro que os sentimentos estarão presentes: reconheça-os e procure desapegar-se deles, pensando que você está investindo no seu futuro.

Se seu marido tentar irritá-la, não morda a isca. "Comporte-se da melhor maneira possível", insiste Lynn. "Não reaja a absolutamente nada de maneira emotiva."

Se ele pedir a guarda dos filhos, por exemplo, não tenha um ataque nem comece a acusá-lo de nunca ter comparecido a uma apresentação das crianças na escola. Peça um tempo. Converse em particular com seu advogado, procurando encontrar um esquema que permita que o pai passe o tempo devido com os filhos. Compreendemos muito bem que a dissolução de um casamento infeliz poderá deixá-la numa montanha-russa de fúria, depressão e alívio. Não exponha seus sentimentos feridos na mesa de negociação – em vez disso, procure uma boa terapeuta, que escutará toda a sua dor e a ajudará a descobrir como controlar as emoções quando estiver fechando o acordo.

Pense em fazer um acordo antes de ir ao tribunal

Você e seu marido querem o divórcio? Os dois? Vocês conseguem conversar um com o outro civilizadamente? Se conseguem, serão bons candidatos a fazer um acordo antes de ir ao tribunal. Nos Estados Unidos é muito comum os casais optarem pela mediação, em que negociam diretamente um com o outro com a ajuda de um mediador neutro. (Mesmo assim, cada um precisa de seu advogado para examinar o acordo final.)

No Brasil, a figura do mediador ainda não é muito disseminada, mas é possível chegar a um acordo com a participação dos advogados de ambas as partes. Nesses casos, o casal e seus respectivos advogados fazem reuniões até chegarem a um consenso sobre as condições do divórcio – partilha de bens, pensão alimentícia, etc. Depois, firmam um contrato e levam para o juiz homologar. "É mais rápido e mais barato do que a luta habitual", explica o advogado Paulo Lins e Silva. Nos tribunais, um processo de separação litigiosa pode se arrastar por dezoito a trinta meses, enquanto um acordo leva, em média, quinze a trinta dias para ser homologado pela Justiça.

Às vezes, ao fazer o acordo, o casal encontra soluções mais criativas do que os juízes. Foi o que aconteceu quando Sam e Janet se separaram depois de vinte anos de casamento. Janet, que fora dona-de-casa todos esses anos, queria começar a trabalhar, mas sabia que precisaria de algum apoio financeiro do marido até terminar sua formação. Em mais ou menos dois anos, ela completaria o curso profissionalizante que a qualificaria para um emprego razoável.

Nenhum dos dois desejava levar o caso aos tribunais, por isso fizeram um acordo: Sam daria a Janet e aos dois filhos 70 por cento de seus rendimentos nos primeiros dois anos depois do divórcio, o que permitiria que ela estudasse em tempo integral. Depois, o pagamento dessa pensão terminaria e ela teria de se sustentar, recebendo apenas uma pensão para as crianças. "O marido aceitou pagar bem mais do que um tribunal exigiria", diz a advogada Beverly Clark. "Quando um casal tem seu próprio conceito de justiça, chegará a um acordo e o manterá."

Fazer acordo antes de brigar no tribunal não funciona para todos os casos. Se seu marido é violento, dominador ou intimidador, pense duas vezes antes de buscar uma solução desse tipo. Também não será uma boa opção se você pensa que ele mentirá sobre a situação financeira. Ele terá mais dificuldades de enganá-la diante de um juiz, que tem poder legal para obrigar qualquer uma das partes a apresentar documentos relativos a finanças.

Jamais negocie sozinha

Vale a pena conversar a sós com seu marido sobre o acordo, mas nunca feche nenhum compromisso sem consultar seu advogado. "As clientes chegam dizendo que acertaram determinadas questões", lamenta Charlotte Adelman, uma advogada especializada em divórcio. "Em alguns casos, elas pensam que é maravilhoso ficar com a metade de qualquer coisa, quando eu sei que na verdade elas teriam direito a 70 por cento!"

É muito comum os maridos usarem a tática da pressão, seja intimidando ou fazendo chantagem sentimental, que não funcionaria com a presença de um advogado. "Muitas clientes que saíram de casamentos longos me contam o que seus maridos propuseram... e não é nada justo!", diz Carol Ann Wilson, outra especialista em divórcios.

Quando ela pergunta por que essas mulheres concordaram com detalhes tão injustos, elas sempre respondem: "Ele me disse que, se eu não concordasse, lutaria pela guarda das crianças." Você pode se proteger contra esse tipo de intimidação repetindo o tempo inteiro para si mesma: "Não vou concordar com coisa alguma até esclarecer tudo com meu advogado."

Seja corajosa

Não entre em negociações sentindo-se inferior. Lembre-se: você já não tem mais de ceder para esse cara. Entre pronta para pedir tudo o que você quer – e um pouquinho mais, para sobrar algum espaço de manobra na negociação. Certifique-se de estar com uma lista de prioridades nas mãos para poder decidir. Do que você realmente precisa? Do que não abre mão? O que pode ceder?

Se você estiver tão perturbada que não consegue tolerar a idéia de desistir de uma única xícara de café, chame uma amiga sensata e converse com ela até se sentir mais racional.

Você não tem de se preocupar se a sua primeira exigência incomodar seu parceiro. "Você não quer provocar raiva, mas também não deve ter medo", diz a mediadora Lynn Jacob. O que ele está sentindo não é mais problema seu. Portanto, não fuja do conflito. Permaneça calma, porém firme.

Pense no futuro

No calor de um divórcio, é difícil pensar no futuro. Só que será preciso ter certeza de que o seu acordo funcionará bem nos próximos cinco, dez, vinte anos. Um especialista em planejamento financeiro pode ajudá-la a projetar seu rendimento e seus custos, além de ajudá-la a pensar nas implicações financeiras das diversas propostas para o acordo.

Por exemplo, será que seu acordo mudará se um dos dois se casar de novo? E se a sua filha resolver interromper a universidade durante um ano? Seu marido continuará dando pensão para sua filha depois que ela completar vinte e um anos? Se é você quem sustenta os filhos, o que acontecerá se perder o emprego? E se o seu ex-marido ganhar o Prêmio Nobel por um trabalho que fez enquanto eram casados? (Não ria: um ganhador do Nobel de 1995 teve de dividir metade do prêmio de um milhão de dólares com a ex-mulher por causa de um acordo de divórcio assinado sete anos antes!)

Não permaneça casada com a casa

Sabemos o quanto a casa significa para você. Foi lá que começaram sua vida de casados. Talvez você, grávida de nove meses, tenha colado na parede do quarto do bebê aquele papel com coelhinhos e patinhos. Talvez tenha sentado muitas vezes no playground do prédio, vendo os filhos brincarem com os amigos. Talvez tenha visto com os olhos marejados de lágrimas sua filha sair com o primeiro namorado.

São lembranças valiosas, sem preço. Só que agora estão no passado e você terá de começar a pensar no que vale a pena em sua vida futura. "Muitas mulheres dizem que precisam da casa e negociam tudo em torno da residência do casal", diz Carolyn Laredo, mediadora. "É uma verdadeira armadilha."

Seja realista em relação ao custo da manutenção do imóvel.

Uma casa não é um lar. Você poderá criar um lar muito acolhedor e agradável para si mesma e para a família em qualquer lugar onde vá morar. Não se comprometa, em nome de sentimentalismo e estabilidade, com impostos, taxa de condomínio e despesas de manutenção que não poderá pagar. Não estou negando que seja duro deixar a casa onde seus filhos cresceram, mas, a longo prazo, você será muito grata a si mesma pela mudança inteligente, sem emoções.

Seja uma mãe sensata e amorosa

É difícil ser uma boa mãe no meio de um divórcio. Você quer evitar um dilaceramento nas vidas de seus filhos e talvez queira castigar o pai, a quem responsabiliza pelo rompimento do lar.

Esses sentimentos conspiram contra a felicidade da criança. Você terá de tomar decisões essenciais com base no que é melhor para o seu bem-estar a longo prazo – não no que você imagina que deixará as crianças felizes durante os próximos meses. Também terá de respeitar e promover os laços de seus filhos com seu ex-marido.

Um casal de amigos, Laura e James, acabou de se separar e está vivendo uma situação complicada. Há alguns anos, Laura aceitou mudar de cidade para acompanhar o marido. Agora está arrasada porque James anunciou que se sente infeliz no amor e quer o divórcio. Laura voltou para sua cidade e está à procura de uma casa no mesmo bairro em que morava. Ela acha que isso ajudará o filho, de onze anos, a superar o momento difícil porque ele poderá reencontrar os amigos de infância.

Só que o antigo bairro é distante e caro. A maioria das velhas amigas de Laura mora numa região cheia de apartamentos baratos e boas escolas, mas ela não aceita mudar seus planos.

Irritada, prefere destilar veneno contra o ex-marido egoísta. Sua fúria é dolorosamente óbvia para o filho, que está triste e confuso.

Laura escolheu a pior abordagem para ajudar o menino. Ela precisa ser realista. Não há como recriar os anos felizes da pré-escola para Josh. A melhor decisão seria encontrar um apartamento a preço razoável, perto de seu emprego, para passar o maior tempo possível com o filho.

Também não é correto envenenar o amor de uma criança pelo pai (ou pela mãe), mesmo que o pai (ou a mãe) não esteja agindo como devia. James talvez esteja se comportando como um rato, mas é o único pai que Josh tem. Não é justo usar o filho para atingi-lo. Além disso, pragmaticamente, é bem mais fácil obter o apoio do ex-marido quando ele mantém um bom relacionamento com o filho.

O divórcio já é bastante doloroso para uma criança. Não aumente o trauma fazendo de seus filhos protagonistas de seu drama doméstico.

Capítulo 7

Jogo Sujo

Beth tem uma fantasia recorrente: ela está comprando um carro novo. Naturalmente, fez toda a pesquisa necessária e negocia até chegar a um acordo quanto ao preço justo. Aí, bem na hora de assinar a papelada, ela diz que precisa dar um telefonema. Vai para o banheiro das senhoras, passa um batom e folheia tranqüilamente sua agenda. Uns cinco minutos depois, volta para a mesa do vendedor e informa, com um sorriso cheio de desculpas: "Ah! Lamento muito… Falei com minha mãe e ela disse que não aprova esse preço. Teremos de baixar mais uns trezentos dólares. Eu gostaria muito de poder fazer alguma coisa, mas é a mamãe que manda!"

Quando se está fazendo tudo para chegar a um acordo justo para os dois lados, nada mais enfurecedor do que um adversário que aparece com um velho golpe. Alguns desses truques já se tornaram clichês, como o do vendedor que precisa pedir a autorização do gerente (por estranho que pareça, o mítico gerente jamais aprova). Outros são tão sutis que nem conseguimos reconhecê-los conscientemente – apenas sentimos um nó na boca do estômago, uma sensação de que a negociação está fugindo ao controle.

É assustador entrar numa negociação sabendo que as pessoas do outro lado podem ser especialistas em aplicar golpes para se aproveitar de bobocas como nós. Mas há algo tranqüilizador nisso tudo: se você fizer a lição de casa e souber seu limite, estará bem municiada contra a maioria das golpes. "Se mantiver seus objetivos em mente, eles funcionarão como um freio sempre que você estiver a ponto de fazer alguma burrada", diz Juliet Nierenberg, co-autora de um guia de negociação.

Para vaciná-la contra os golpistas, vamos enumerar alguns desses truques baratos e apresentar boas estratégias para enfrentá-los. Ao identificar uma dessas manobras, você poderá ignorá-la ou considerá-la um blefe. O simples fato de perceber o golpe lhe permitirá manter a frieza e evitar a derrota.

Para começar, um aviso: é péssima idéia confiar em estratagemas espertinhos para obter o que se quer. Uma coisa é arrumar a mesa para se sentir confiante na hora de negociar, outra muito diferente é criar um clima para deixar o adversário ansioso e constrangido. Numa negociação do tipo ganha-e-ganha, você barganha de boa-fé, para ter certeza de que todos terminem com aquilo a que dão valor. "Há golpes sujos que podem destruir o clima da negociação", escreve Juliet. Ainda que o truque funcione na primeira vez, na próxima o adversário estará desconfiado e duas vezes mais cauteloso, dificultando o acordo.

Portanto, sempre que se sentir tentada a usar algum golpe, pergunte a si mesma o que está fazendo e por quê. Se tentar enganar o adversário, fazendo-o aceitar um mau acordo, é claro que você não será mais boazinha. E nós não gostaremos de você.

Persuasões Delicadas

Muito bem. Encontramos alguns estratagemas espantosos. (É inacreditável como algumas pessoas conseguem ser diabólicas e desonestas!) Vamos começar com os golpes menos ofensivos.

O tratamento de silêncio

O que fazer quando você pergunta algo e não obtém resposta? Nem sim, nem não, nem talvez. Nem mesmo um "terei de pensar sobre isso". Apenas um olhar vazio ou um silêncio mortal do outro lado da linha do telefone?

O que significa esse silêncio? Apenas que o seu adversário está usando um dos truques mais antigos: o tratamento de silêncio.

O silêncio deixa a maioria das pessoas nervosas. E uma pessoa nervosa pode recuar e fazer uma concessão atrás da outra, sem que sequer lhe peçam. Às vezes, o tratamento de silêncio não é um truque. Meu amigo Paul é um sujeito naturalmente calado. Ele não é hostil, apenas não fala se não tiver algo a dizer. Esse traço de personalidade funcionou maravilhosamente bem da última vez em que Paul comprou um carro. Depois de passar uma hora discorrendo sobre o excelente desempenho do carro, o vendedor lançou um "preço baixíssimo". Paul, sendo quem era, permaneceu em silêncio, matutando sobre suas possibilidades financeiras. Depois de um ou dois minutos, o vendedor se dobrou: "Está beeem... Que tal setecentos e cinqüenta dólares a menos?"

O tratamento de silêncio é uma manobra usada para fazer você desmoronar. A sogra de Amanda sempre usava essa tática quando os filhos faziam algo que a aborrecia. Ela se fechava como uma ostra, recusando-se a falar ou a olhar para os garotos. A reação deles era tentar freneticamente recuperar suas boas graças – limpando a mesa, fazendo a lição de casa ou tocando piano.

Depois do casamento, Amanda percebeu que o marido, Jeff, tentava usar a mesma estratégia da mãe dele. O problema é que Amanda crescera numa família em que ninguém dava atenção para cara feia. Então, quando o marido emburrava, Amanda saía do apartamento para que ele tivesse um momento de calma. Jeff logo percebeu que o tratamento de silêncio só funcionava se houvesse alguém suscetível por perto.

Quer esteja lidando com um marido temperamental ou com um astuto corretor de seguros, jamais se renda a um tratamento de silêncio. Se tiver autocontrole, tente devolver o silêncio. Como a maioria das mulheres não agüenta uma pausa desagradável, você pode dar algum tempo para a pessoa pensar e ir embora. Ou, se estiver ao telefone, despedir-se e desligar.

Morda a língua, mas não deixe um silêncio desagradável obrigá-la a dizer alguma coisa que vá contra seus interesses.

"Você não pode fazer melhor?"

Se cair nessa armadilha, você vai começar a dar lances contra si mesma. Não faça isso. Pam McDonough, primeira mulher a dirigir o Departamento de Comércio e Relações Comunitárias de Illinois, escuta essa pergunta com regularidade quando tenta persuadir grandes empresas a se instalarem em seu estado. Quando apresenta o pacote de isenção de impostos e outros benefícios para as empresas, Pam está pronta para ouvir a frase: "Você não pode fazer melhor?" Ela não cai nessa. Sabe que é um golpe para fazê-la aumentar a oferta antes mesmo de receber uma contraproposta. "Fique firme e diga não", ensina ela. "Não se preocupe. Se forem sérios, eles voltarão."

Sob nenhuma circunstância dê lances contra si mesma. Lembre-se: você fez uma oferta e agora é a vez do outro. Ele terá de apresentar uma contraproposta, o que impõe certos limites ao que estiver pedindo. Se você atirar no escuro, poderá acertar seu próprio pé.

Faça-os provar...

Debbi Fields era uma jovem sem diploma, sem experiência em negócios e sem reservas financeiras. Um dia pediu um empréstimo num banco e abriu um negócio: uma loja de biscoitos. Para sua tristeza, os compradores passavam direto pela porta e os biscoitos continuavam intocados nas prateleiras. Até que Debbi, em desespero, resolveu distribuir amostras grátis na rua. Depois de provar os biscoitinhos de chocolate que derretiam na boca, os clientes corriam para comprar um saco e levar para casa.

Essa tática, usada por milhares de bons vendedores, é muitíssimo eficaz. Às vezes, serve para apresentar ao cliente um produto ou serviço que ele realmente adoraria, mas simplesmente desconhecia. Mas não se esqueça de que a decoradora da loja de departamentos que a incentiva a levar para casa e experimentar aquela poltrona muito confortável não está sendo apenas simpática. Ela sabe que uma vez que você diz *sim* a uma prova gratuita, é difícil dizer *não* para o resto da fornada.

Fique esperta. Você talvez consiga resistir àqueles milhares de mensagens que a bombardeiam todos os dias. Talvez se sinta muito à vontade para dizer não quando atende uma daquelas ligações de telemarketing chatas na hora do jantar. Mas pode ser bem difícil dispensar alguém que quer lhe dar alguma coisa de graça. "Que mal pode haver nisso?", você pensa enquanto enfia na bolsa a amostra de detergente, lê um capítulo do livro *on-line* ou envia pelo correio o envelope auto-endereçado para receber mil adesivos grátis.

Esses marqueteiros sabidos não fazem obras de caridade. Eles sabem que, se você disser *sim* para alguma coisa pequena, é provável que da próxima vez diga *sim* para algo maior. A menos que esteja realmente interessada num produto ou serviço, conte até dez antes de morder a isca.

"Tenho de verificar com o gerente"

De todos os truques comerciais da negociação, esse provavelmente é o mais desacreditado. Você acaba de encerrar a discussão do negócio com um vendedor de carros e está pronta para assinar a papelada, pegar as chaves e voltar para casa. Aí, o vendedor examina os números e dá uma tossidinha nervosa: "Bom, sabe... terei de levar isso ao meu gerente." Ele desaparece por alguns minutos e volta com uma expressão triste: "Lamento imensamente...", diz ele. "O gerente não aprovou o negócio. Teremos de subir o preço." O que você não sabe é que o vendedor jamais falou com alguém. Ele só foi lá dentro, bateu um papinho com os colegas, ajeitou a gravata, fez a cara triste e voltou para arrancar mais quinhentos dólares de você.

Essa tática também floresce fora das concessionárias de automóveis. O hábito de citar uma autoridade ausente, que jamais permitirá uma determinada concessão, ocorre em todos os níveis. Existem até algumas aplicações legítimas. Os pais, por exemplo, adoram usar esse truque com os filhos, com desculpas do tipo: "Meu amor, eu adoraria deixar você saltar de *bungee-jump*, mas sua mãe (ou pai) jamais concordaria comigo!" É um jeito maravilhoso de segurar a linha numa negociação sem perder a boa vontade da outra parte. Também dá tempo para pensar na sua posição no momento de recuar.

Hoje em dia, porém, é muito fácil acabar com essa manobra: qualquer criança de oito anos pode lhe dizer como. Quando alguém invocar uma autoridade ausente, seja o gerente de vendas ou o papai, simplesmente peça para falar diretamente com o chefe. Recuse-se a negociar com alguém que não tem autoridade para fechar o negócio. "Diga que prefere negociar com o gerente e tire a negociação das mãos do vendedor. Ele não terá outro recurso a não ser mudar de tom ou deixar você falar com o chefe", aconselha Juliet Nierenberg.

Práticas Questionáveis

Como você viu, a maioria dos golpes acima pode ser usada até pelas boazinhas. Agora, exploraremos um território ainda mais problemático: os golpes baixos que deixam as boazinhas muito indignadas.

O elemento surpresa

Em geral, adoro surpresas. Gosto de receber vasos de violetas sem motivo algum, aprecio imensamente almoços marcados em cima da hora, mas detesto ser surpreendida em negociações. Não gosto quando alguém tira um coelhinho inesperado da cartola e ainda acha que tenho de tirar uma cenoura não sei de onde.

As crianças são mestres em usar essa técnica. Se você tem filhos em idade escolar, provavelmente já teve de agüentar aquelas demoradas negociações em torno de lição de casa X dormir na casa de alguém. Na sexta-feira, você examina o caderno do garoto e entrega os pontos. "Está bem", diz, exausta. "Se fizer todos os problemas de matemática, ler o capítulo de ciências às oito da noite e praticar o violino durante uma hora amanhã de manhã, poderá dormir na casa do Jonathan amanhã à noite." Seu filho resmungará um pouquinho, mas aceitará. Haverá paz até o domingo à noite, quando o pestinha de repente se lembrar de que tem de entregar um projeto de estudos sociais na segunda-feira. "Esqueci...", dirá numa vozinha pouco convincente. Mais uma vez você foi passada para trás por um miniadversário... graças à esperteza no uso do elemento surpresa!

Evidentemente há momentos em que ocorre um imprevisto: a bolsa desaba, a taxa de juros sobe, o avaliador diz que a casa vale 15 por cento menos do que você pede, seja o que for. Esse tipo de evento pega as duas partes de surpresa e é preciso reavaliar a situação para seguir em frente. Aqui estou falando de tentativas deliberadas de perturbar ou manipular, fazendo alguma jogada escusa no último instante. Talvez você se sinta incapaz de saber se o adversário está realmente lidando com uma alteração inesperada no rumo das coisas ou se é apenas uma armação para apanhá-la desprevenida.

Em qualquer desses casos, o melhor é pedir um tempo. Se você estiver tonta com o choque, não conseguirá pensar direito. Portanto, peça à outra parte para lhe dar toda a informação pertinente e, depois, vá para um canto sossegado até saber o que fazer. Não se deixe pressionar pelas exigências alheias. Se as circunstâncias mudaram, você vai precisar de tempo para reavaliar a situação, consultar outras pessoas, tomar as providências necessárias para chegar a um bom acordo. Mesmo que todos em volta da mesa olhem seus relógios, ansiosos para sair.

Se o fato novo tiver sido realmente uma surpresa para as duas partes, a outra equipe talvez agradeça por ter mais algum tempo para deliberar. Mas, se o adversário estiver tentando passar a perna em você, seu adiamento proporcionará um susto saudável.

Deve haver algum mal-entendido

O fim de ano é sempre uma provação para Ellen. A mãe dela é daquelas que faz questão da presença da filha em todas as comemorações de Natal. Se Ellen não comparecer com as três filhas, será vítima de uma chantagem emocional terrível. Só de pensar, ela se descobre odiando a grande festa cristã.

Por isso mesmo, no começo de dezembro do ano passado, Ellen deu um golpe para tomar conta do terreno antecipadamente. Convidou a mãe para um almoço e, na sobremesa, tocou delicadamente na questão da festa de Natal: "Pensei que este ano você e o papai poderiam cear em nossa casa na véspera do Natal. Abriremos os presentes à noite e iremos para a casa dos pais de Tim no dia de Natal." A mãe concordou prontamente e Ellen ficou tão aliviada que até gastou mais do que deveria no presente de Natal da mãe.

E aí chegou a noite do dia 24. As meninas cantaram como anjinhos, o banquete estava delicioso, foi tudo fantástico. Quando se preparava para ir embora, a mãe de Ellen abraçou-a, dizendo: "Estamos esperando vocês amanhã às cinco em ponto." O queixo de Ellen caiu: "Mamãe, nós falamos sobre isto! A família de Tim está nos esperando amanhã!" A mãe mostrou-se surpresa: "Ellen, você disse que iria na casa dos pais de Tim na manhã do Natal. Naturalmente, imaginei que vocês estariam conosco à noite. Convidei todo mundo, a tia Lilian vem de Milwaukee. Todos se sentirão decepcionados se não virem as meninas. Além disso, não sei quantos natais sua tia ainda terá. É uma pena, estávamos esperando passar juntos o dia de Natal."

Ellen acabava de ser atingida por um golpe clássico: o mal-entendido intencional. Você negociou de boa-fé, encontrou uma solução ganha-e-ganha e está pronta para fechar o negócio. De repente, o tapete é puxado debaixo de seus pés, enquanto sua adversária bate as pestanas inocentemente perguntando por que há fumacinha saindo dos seus ouvidos.

Esse golpe funciona muito bem na trincheira doméstica, mas também é popular no trabalho e no comércio. Experimente ler o seguinte numa vozinha meiga e intrigada: "Ah!... mas você queria ter folga toda quinta-feira de tarde?...", "Mas eu entendi que vocês pagavam cinco dólares por lauda de tradução...", "Ué... pensei que a senhora havia entendido que o nosso orçamento para as janelas novas não incluía os vidros!".

O esperto adversário, em geral, espera até você estar encurralada para saltar em cima. Nossa antiga vizinha Shirley foi vítima de uma obra-prima dessa espécie. Sua casa precisava desesperadamente de um novo telhado, e ela procurou até encontrar o preço mais baixo. Quando os operários chegaram, logo depois que ela saíra para trabalhar, arrancaram o telhado da garagem, que ainda estava bom, e o trocaram antes que ela retornasse. Shirley reclamou, mas o dono da empresa explicou que seus empregados apenas haviam entendido mal a ordem e imaginado que ela queria trocar aquele telhado também. Ele ofereceu tirar tudo e deixar a garagem aberta para os céus. Exasperada e encurralada, Shirley concordou em pagar o telhado da garagem. Só mais tarde ela descobriu que o sujeito cobrara 50 por cento a mais o metro quadrado do serviço na garagem.

Shirley deveria ter se mantido firme e ligado para o serviço de defesa do consumidor. Como não havia assinado uma ordem de serviço para o telhado da garagem, legalmente não era responsável pelo custo. Mas ela não estava com energia para uma briga séria. Assim, ela se rendeu e pagou a conta.

A melhor maneira de enfrentar o mal-entendido intencional é se precaver. Deixe tudo por escrito, definindo cuidadosamente cada item. Depois, certifique-se de que a pessoa com quem você está lidando assine cada ponto importante. Contratos frouxos abrem espaço para espertos mal-entendidos.

É o que Ellen está fazendo este ano. No Ano Novo, deu de presente para sua mãe um lindo calendário. Nele, marcou todos os feriados e traçou um enorme X vermelho nos dias que passará com a família do marido.

Interrupções constantes

Este golpe ("Tire isso da boca!") é bastante familiar ("Será que alguém poderia abrir a porta?") para as mães ("Você não está vendo que a mamãe está falando ao telefone?") de crianças pequenas ("Por que o cachorro está latindo tanto?"), que sempre ("Não, obrigada, não estou interessada em comprar nenhuma proteção de alumínio.") a empregam para arrancar concessões ("Ei, gente! O papai chegou!") de pais apressados. Uma negociadora precisa ter cabeça muito fria para manter a firmeza quando algum adversário diabólico resolve atacá-la em seu ponto mais vulnerável: aquela hora de loucura logo antes do jantar. Por isso, uma regra fundamental: não tome qualquer decisão neste momento. Diga que vai pensar e voltar ao assunto mais tarde.

Uma negociação já é bastante estressante por si só, mas com interrupções a toda hora é impossível concentrar-se no que se está fazendo. Alguns negociadores inescrupulosos se aproveitam desse fato e bombardeiam o adversário com distrações propositais. "A isca pode assumir muitas formas, como telefonemas incessantes ou a leitura de documentos e jornais durante as discussões", diz a advogada Courtenay Bass. "Já vi advogados fazendo palavras cruzadas enquanto o adversário está falando!"

Se você tomou cuidado e arrumou a mesa, não será apanhada com essa manobra. Contudo, se for atacada por estilhaços de granadas verbais enquanto tenta apresentar seu argumento, não prossiga como se nada estivesse acontecendo. Em vez disso, explique o problema e exija uma reunião em outro momento mais calmo e sem interrupções.

VAMOS APENAS DIVIDIR A DIFERENÇA...

Gretchen e Joanne colocaram seu apartamento à venda por duzentos e vinte e cinco mil dólares. Uma semana e pouco depois receberam uma oferta de cento e setenta e cinco mil dólares. Depois de pensar por uma hora, as duas fizeram uma contraproposta de duzentos mil dólares. Quando o comprador, Thomas, voltou oferecendo cento e oitenta e seis mil dólares, as duas pediram à corretora para dizer que não reduziriam mais nada.

Thomas, então, tirou do bolso uma solução matreira: "Estamos separados por apenas quatorze mil dólares. Que tal dividirmos a diferença para fechar o negócio?" Gretchen pensou em aceitar. "Parece justo", comentou com Joanne. Formada em Matemática, Joanne percebeu que a "divisão de diferença" era um engodo: aceitando cento e noventa e três mil dólares, elas estariam retirando trinta e dois mil dólares do preço inicial e Thomas estaria aumentando apenas em dezoito mil sua primeira contraproposta. Por isso, elas disseram não. Thomas acabou fazendo uma nova oferta, de cento e noventa e oito mil e quinhentos dólares, e elas aceitaram prontamente. Nem sempre dividir a diferença é uma alternativa ruim. Apenas faça as contas direitinho.

Quando o negociador desaparece

A advogada Linda Chaplik Harris lembra de um cliente que tinha tudo para fechar um excelente acordo de venda da sua empresa, mas acabou se dando mal por causa da esperteza do adversário. Depois que o empresário expôs seus termos, o advogado da outra parte saiu da sala com o potencial comprador e anunciou que eles teriam de pensar.

O cliente de Linda começou a suar. Quanto mais o comprador demorava, mais nervoso ele ficava. "Eu lhe disse para se acalmar, mas meu cliente parecia estar desmoronando", conta Linda. Duas horas depois, quando o comprador voltou, o empresário perdera a compostura. Embora a advogada tentasse intervir, ele aceitou bem menos do que deveria. "Jamais subestime a eficiência dessa tática", adverte Linda.

Discutir uma proposta em particular é um recurso legítimo, mas sumir por tempo indeterminado pode ser um golpe para minar sua confiança. Por isso, não se abale quando a outra parte pedir uma pausa inesperada. Tenha sempre em mente que nem todas as negociações prosseguem num ritmo estável.

Não entre em paranóia por causa de um atraso qualquer. As boazinhas sempre pensam que uma resposta demorada significa um não. Mas resista bravamente e contenha o impulso de reduzir seu preço durante esse intervalo de tempo. Bater em retirada é uma tática comum, que alguns aperfeiçoam fingindo explosões de raiva e saídas cinematográficas da sala. Linda lembra de um adversário que se retirou sete vezes da sala antes do acerto final ser assinado. No primeiro acesso, ela ficou assustada. Depois, passou a achar engraçado. A retirada pode ser uma estratégia arriscada. Imaginemos que você queira mostrar o quanto está insatisfeita, então, dá um ultimato: "Se os termos dessa negociação não mudarem em cinco minutos, vou embora." E, depois dos cinco minutos, você sai mesmo. Sempre existe a possibilidade de que, ao voltar, você encontre a sala vazia e o negócio fracassado.

A retirada, tanto fingida como autêntica, é muito usada nas negociações amorosas. Depois de dois anos de convivência com o namorado Dwayne, em Chicago, nossa amiga Noreen queria se casar. Mas ela acabou se cansando da relutância dele, fez as malas e voltou para a casa da mãe, em Baltimore. Seis meses depois, quando ela começava um novo relacionamento, Dwayne apareceu na porta com as alianças no bolso. Os dois estão casados há mais de vinte e cinco anos.

Não ameace ir embora por questões triviais. Lembre-se de que só se pode explodir uma vez. Se você fizer isso com freqüência, lá se vai a sua credibilidade. Além disso, verifique se tem uma MAPAN (outra alternativa, lembra?) no bolso de trás para o caso de não haver uma retomada das negociações. Quando é você quem fica, mantenha a calma. Se o adversário voltar sem tentar pressioná-la demais, dê-lhe as boas-vindas e retome a negociação. Mas, se ele começar a ir e vir como um ioiô, chame sua atenção com delicadeza e diga que será mais produtivo tentarem elaborar juntos um meio de resolver as dificuldades.

Boazinhas, Não!

Agora mostrarei as estratégias mais escorregadias, os golpes preferidos dos espertalhões que recebem um bom aumento por tapearem boazinhas como nós. Fique alerta e não siga esse mau exemplo.

O golpe da coerção

Imagine-se confinada numa sala vazia e sem janelas, mobiliada apenas com uma escrivaninha e duas cadeiras desconfortáveis, de pernas bambas. Está sozinha com um misterioso mago da palavra que insiste sem parar em que você assine documentos entregando mais de dez por cento de seus rendimentos mensais antes que ele a deixe sair pela porta.

Será que é uma sessão de algum culto religioso? Não, é apenas um cara tentando vender para você um piano acima do preço.

Essa técnica é conhecida como "regressão e transferência". Na "regressão", o vendedor procura confundir e intimidar até torná-la vulnerável como uma criança. Você é colocada em uma sala com lâmpadas fluorescentes e sem nenhuma janela. O vendedor lhe dirá: "Sente aqui." Depois, discorrerá sobre o complicadíssimo sistema de financiamento.

Quando estiver se sentindo confusa, o esperto vendedor passa para a fase "transferência". Ele se transforma no "papai", o cara que sabe tudo e quer tomar conta de você. Com o pulso disparado e a cabeça girando, você se coloca à mercê dessa figura de pai. Mas ele não tem pena nenhuma: quer apenas o seu dinheiro.

Essa tática sempre faz Beth pensar no impiedoso vendedor de aspiradores de pó que "atacou" sua tia-avó Geneva. Ela e seu marido Harry moravam numa casinha cujo aluguel mal conseguiam pagar com suas aposentadorias. Harry, sofrendo de enfisema pulmonar, permanecia imóvel enquanto o vendedor aspirava tudo que havia por ali com uma barulhada tremenda. Tia Geneva, completamente indefesa em relação à agressividade do vendedor, assinou mansamente a ordem de compra caríssima.

Preste atenção no seu estado emocional e proteja-se. Se estiver se sentindo confusa ou desorientada, não tome nenhuma decisão importante. Lembre-se de uma regra básica: se alguém a deixa ansiosa, não é seu amigo. Por isso, não faça negócios com essa pessoa. Diga que vai pensar, que terá que consultar o marido (mesmo que ele não exista), mas não decida.

Se estiver sofrendo coação de um vendedor que se recusa a sair de sua casa, não se preocupe em ser educada com esse ladrão vestido de amigo. Telefone para a polícia. Diga que alguém que você não conhece entrou na sua casa e não quer sair. Quando escutar as sirenes se aproximando, ele desaparecerá bem depressa. Afinal, é um criminoso que poderia ser apanhado no ato.

O sócio bom e o sócio mau

Uma prostituta loura está sentada numa sala de interrogatório na delegacia, incapaz de esconder seu terror. Um policial corpulento acende uma lâmpada ofuscante em seu rosto: "Escute, minha irmã, você acaba de comprar uma passagem de ida, sem volta, para a cadeia. E lá não vai mais precisar dessas roupas bonitas. Temos um uniforme lindo feito sob medida pra você. Listradinho... pegou, garota?"

Um segundo policial, mais jovem e mais bonito, se intromete: "Ei, sargento. Largue a menina. Não está vendo que ela está apavorada? Agora, mocinha, você vai tomar um copo de água com açúcar e me contar o que aconteceu naquela noite em que o Ligeirinho levou um tiro."

Esse golpe acontece muitas vezes. É uma armação típica dos filmes de gângster e também um clássico truque de negociação. Um cara é mau; o outro, bonzinho. Qual deles é o seu amigo? Nenhum dos dois. A única finalidade dessa dupla é enganar você.

A maneira mais simples de se defender dessa armação é entender que os dois são malvados e querem se aproveitar de você. Por isso, se estiver na mesa de negociação, não corra para os braços do bonzinho. Se estiver imprensada por um time de sócio bom/sócio mau, seja direta e denuncie o que está havendo. Se não tiver alternativa senão chegar a um acordo com eles, diga alguma coisa como: "Vamos parar com essa brincadeira e tentar fechar um negócio que sirva para todos nós." Fique firme, diga que vai pensar, dê-se um tempo para refletir, consulte alguém em quem confie. Ou então, melhor ainda: vá embora e procure alguém que queira negociar com respeito por você.

Assine agora ou o negócio morre aqui

Pense naquelas noites enluaradas da sua adolescência. Você estava com seu namorado no mirante, vendo as estrelas e ouvindo rádio. Era tudo muito romântico. E aí o seu namorado se mostrou mais insistente do que o habitual e, de repente, você se viu num ringue de boxe, tentando afastar os avanços físicos dele. "Se você não topar agora, não amo mais você", sussurrava ele. "É agora ou nunca."

Esperamos que você tenha respondido: "Então, é nunca", saltado do carro e voltado a pé para casa. Sim, porque esse tipo de ultimato só é utilizado para pressioná-la a aceitar um mau negócio, sem lhe dar tempo para pensar no que está fazendo.

É claro que existem muitos prazos finais legítimos. Você pode estar se mudando para uma cidade diferente e precisa estar em sua casa nova antes do início do ano escolar. Talvez seja a gerente do escritório e precise ter nas mãos todas as solicitações de férias antes de fazer o planejamento do próximo ano. Mas quando algum apressadinho lhe diz que sua proposta só vale até a meia-noite de hoje, normalmente é mau sinal. "Em 90 por cento dos casos, esse prazo é falso", diz a executiva Michele Hooper, que negociou diversas compras de empresas. "Se passar desse prazo, o mundo não acabará."

Quando alguém tentar pressioná-la a tomar uma decisão, não importa quem esteja no comando, não assine antes de ter tempo para pensar bem.

Não precisamos escrever isso

Pat Harris, negociadora do sindicato dos empregados na área de saúde e recursos humanos, descobriu esse golpe da pior maneira possível. Depois de terminada uma reunião particularmente intensa, em que sindicalistas e administradores de hospitais finalmente chegaram a um acordo, ela não quis pressionar mais exigindo que fosse tudo escrito e assinado em cada página. Quando viu o contrato, redigido pelos advogados do hospital, faltavam muitas das concessões duramente conquistadas.

Naquele momento, ela jurou solenemente que nunca mais sairia de uma negociação tensa sem ter um documento escrito. Agora, ela anota todos os acordos importantes num bloco de papel e faz o líder da outra parte assinar na mesma hora.

Escrever tudo enquanto se está na mesa de negociação poupa tempo e evita mal-entendidos. Se os advogados do adversário tiverem um chilique à simples idéia de seu cliente assinar um documento manuscrito, você poderá resolver fazendo uma cópia do seu memorando informal e pedindo que dêem uma olhada antes de saírem.

Não se preocupe com a pobrezinha de mim...

Lembra-se daquele vendedor simpático? Aquele que deixou de ir ao campeonato de futebol do filho só para lhe vender os móveis do seu quarto? Eis a novidade: aquele preocupado pai é solteiro e não tem filhos. Quando ligou para dizer à mulher que não chegaria em casa a tempo, discou para o telefone de informações sobre o tempo.

Esses caras sacam logo quem você é. Percebem de longe seu ponto fraco: você é muito, muitíssimo boazinha. E preparam um roteiro para conquistar sua simpatia. Ligam para casa para avisar à mulher que chegarão tarde para o jantar ou pedem uma pausa só para dizer à mamãe para guardar o bolo de aniversário na geladeira. É uma incrível coincidência. Beth diz que nunca comprou qualquer mercadoria cara num momento em que o vendedor não estivesse vivendo algum problema familiar.

Por isso, se quiser comprar alguma coisa cara, não tome qualquer decisão se faltar apenas meia hora para a loja fechar. Sempre que uma vendedora mencionar tristemente o lanche da família, o bingo, o concerto de violão ou a competição de nado sincronizado que está perdendo só para servi-la melhor, dispense-a dizendo que não quer prejudicá-la. Procure uma vendedora mais objetiva ou marque uma hora mais conveniente e volte depois.

Para trás, rapazes, ela vai explodir!

A negociação está pegando fogo e você ainda precisa de mais algumas concessões para fechar o negócio.

Aí, o rosto do sujeito do outro lado da mesa começa a ficar vermelho. Aparecem veias em seu pescoço e na testa. Você pode escutar sua respiração áspera. Ele está quase explodindo, espalhando sua venenosa raiva por toda a sala. Que diabos você deveria fazer agora?

Fácil, diz a advogada Lisa. Sorria com meiguice e mantenha-se firme. "Algumas pessoas têm violentos ataques temperamentais", diz ela. "Os homens tentam intimidar as mulheres. Pode ser um instrumento de grande eficácia porque a maioria ainda não aprendeu a lidar com esse tipo de coisa. Elas acham que estão lidando com o bicho-papão."

Imagine uma maneira de neutralizar a situação. Jamais se envolva num campeonato de gritos, pois não a levará a lugar nenhum. "Eu jamais grito", insiste Lisa. Em vez disso, respire fundo e diga: "Acho que está ficando um pouco quente por aqui. Não gostaria que nossa conversa degenerasse. Que tal uma pausa?" Saia para dar uma caminhada. Se ele sair atrás, vá direto para o banheiro feminino. Se você estiver sendo seguida por uma mulher, dê um telefonema.

Lisa dá outra dica para o caso de você ter de enfrentar uma pessoa agressiva: "Acho muito eficaz levantar o indicador e dizer 'Não, não, não, não, não e não'. Isso funciona com os homens. Eles se sentem voltando aos bancos escolares e prestam atenção. Faço isso quando quero apresentar meu argumento mais importante. Não exagero para não desgastar, mas a verdade é que as pessoas fazem uma pausa e me dão o tempo de que preciso."

Examinando as letrinhas pequenas

Enfim, você conseguiu chegar a um acordo. Agora, só falta assinar a papelada e todo mundo vai embora com algo valioso. Está na hora de pegar uma caneta e rabiscar a sua assinatura. Não é?

Calma. Você precisa de tempo para ler cada palavra que está naquelas folhas cheias de letrinhas bem pequenas. É bastante comum que o adversário lhe dê um contrato para assinar que não corresponde à negociação que você fez.

"Você ficaria surpresa!", diz Lisa. "Eles escrevem uma porção de besteiras com uma frase secreta no meio. O golpe consiste em colocar essa frase numa letra bem pequena, difícil de ler, no meio de uma linguagem complicada. Isso sempre acontece." Diante de tantas letrinhas, o melhor é dizer: "Levarei para casa e lerei tudo à noite." Não se sinta pressionada a assinar bem aqui, na linha pontilhada.

UMA ÚLTIMA NEGOCIAÇÃO: UM ENTERRO

Imagine-se entrando numa revenda de automóveis e dizendo: "Não me importo com o preço. Só quero o melhor para minha família." Imagine-se entregando um cheque em branco para a sua corretora imobiliária e afirmando: "Só quero que seja o melhor."

Estranho? Mas é exatamente isso que a maioria das pessoas faz quando é hora de negociar o preço de um enterro. As mulheres são especialmente vulneráveis a agentes funerários inescrupulosos. Nossos corações moles nos tornam alvos fáceis para qualquer vendedor de caixões que acaricie nossas mãos e sussurre: "Eu sei que você só desejaria o melhor para a sua mãe. Tomarei conta de tudo."

Desse momento em diante, você não passa de uma laranja suculenta prontinha para ser espremida. Por mais amigo da sua família que esse agente funerário possa ser, quando se trata de enterro, negócio é negócio. Você é uma cliente em potencial e ele obterá um bom lucro com o seu luto.

Não precisa ser assim. Enxugue as lágrimas por um instante e pense no que realmente importa. Se você amou a pessoa que acaba de perder, não precisa provar nada para si mesma, para seus amigos, para sua família, nem (com certeza) para o agente funerário. Você não fará nenhum bem a ninguém gastando mais do que o necessário no caixão, no túmulo e no funeral. Esse dinheiro poderia ser melhor utilizado para o bem-estar de vocês, o que seria certamente o desejo do ente amado que vai ser enterrado.

Para se proteger dos papa-defuntos, aqui estão algumas dicas para ajudá-la a superar esse momento difícil.

Não faça isso sozinha

Esta é a hora de chamar as suas melhores amigas, pois você precisará de seu apoio emocional e de sua objetividade na negociação.

Enterros custam caro. Muitas vezes é um dinheiro com o qual você poderia dar a entrada em um apartamentinho ou fazer uma poupança para pagar os estudos de seu filho, mantendo viva por muitos anos a memória do ente querido. Esse dinheiro também poderá servir para pagar contas que tenham sido deixadas pela pessoa falecida. Você precisará de alguém ao seu lado que a proteja da sugestão de um agente funerário de que sua economia barateia a memória do falecido.

Não pague antecipadamente

Este conselho parece contraditório. Afinal de contas, tomar providências para o próprio funeral pode ser uma boa maneira de evitar sobrecarregar a família com os arranjos e as despesas. É por isso que muitas pessoas idosas pagam antecipadamente seu próprio enterro. Contudo, advogados especializados na defesa do consumidor dizem que boa parte desses idosos são logrados. Em geral, o pagamento desses planos não pode ser devolvido. Se o comprador tiver de mudar de cidade, também é um problema porque não pode transferi-lo. Além disso, podem aparecer custos ocultos para os sobreviventes, e o morto não estará presente para dizer se são válidos ou não. Em alguns casos, o dinheiro simplesmente desaparece. Por isso, é melhor abrir uma conta especial num banco ou incluir uma cláusula especial no seguro de vida para cobrir os custos de seu funeral. Converse francamente com seus familiares sobre como você gostaria que fosse seu enterro.

Telefone primeiro

Depois de entrar numa agência funerária, você descobrirá que será difícil sair dali sem comprar alguma coisa. Para se proteger, telefone antes para as agências que pretende procurar e peça para passarem a tabela de preços por fax. Risque da lista as que se recusarem. Além disso, não diga quanto você está disposta a gastar!

Não se apresse nessas decisões. Sei que você pode ter escrúpulos de falar sobre o assunto enquanto seu ente querido ainda está vivo, mas vale a pena fazê-lo. Consulte amigos que já passaram por essa experiência para encontrar uma agência funerária com preços razoáveis.

Aprenda os golpes

Leia sempre o que estiver em letras pequenas ou peça a uma amiga para ler para você. Certifique-se de estar obtendo o que lhe foi prometido e de que não terá de pagar os extras que não quer. Esclareça todas as dúvidas que tiver sem qualquer constrangimento: não é porque você perdeu um ser amado que deve concordar em ser roubada.

Não enterre a mobília

Você não enterraria a cristaleira de estimação de sua mãe, não é? Então, por que gastaria uma fortuna por um caixão de mogno com alças de prata para enterrá-la? Quando for comprar um caixão, é bom saber que as agências funerárias expõem apenas os mais caros. Os agentes sabem muito bem que a maioria das pessoas evitará comprar os caixões mais baratos em exposição, de modo que terminam comprando um outro que pensam ser dos mais baratos, mas na verdade estarão gastando muito mais do que o necessário.

Há algumas tramóias usadas para fazer as pessoas gastarem mais no caixão. Uma imagem barata de Nossa Senhora colada por dentro da tampa, por exemplo, aumenta o preço. E os familiares não questionam esses acréscimos, em parte devido à atmosfera quase religiosa dentro da agência funerária.

O exemplo de uma família corajosa

Antes de morrer em 1971, o juiz da Suprema Corte dos Estados Unidos Hugo Black disse claramente à família que achava que os enterros deviam ser "simples e baratos". Quando seus filhos (acompanhados por outros dois juízes da Suprema Corte) foram a uma agência funerária comprar um caixão, o vendedor mostrou-lhes um artisticamente entalhado, feito de madeira caríssima. Sim, custaria milhares de dólares, mas seria o lugar adequado para um juiz da Suprema Corte. O custo, disse o vendedor, realmente não deveria ser levado em consideração.

Enganou-se redondamente. Esse comentário fez a família e os amigos do juiz lembrarem-se de sua vontade e comprarem o caixão mais barato que havia – uma coisa horrorosa, recoberta de organza cor-de-rosa e cheio de laços de cetim rosa, com um babado cor-de-rosa em volta. Enquanto o vendedor empalidecia, eles começaram a arrancar todo aquele revestimento de pano para revelar a caixa de pinho que havia embaixo.

Para honrar a memória do juiz Black, o vigário da catedral pediu que a família apresentasse o caixão sem bandeira ou flores em cima. "Ele quis que as pessoas vissem que o custo de um caixão não simbolizava o inabalável amor dos vivos pelos mortos, nem refletia a estatura de um homem", disse a filha do juiz.

Capítulo 8

Não Acabou até Acabar

(e mesmo assim talvez ainda não tenha acabado)

Cordia Harrington pensou que o negócio estava encerrado. Quando expressou interesse em abrir uma padaria para fornecer pãezinhos para as lanchonetes McDonald's numa área que abrangia muitos estados, os executivos da empresa a reuniram a duas grandes companhias alimentícias que detinham um bom recorde no setor. Você talvez lembre que ela fez um negócio maravilhoso e saiu da mesa deleitada com a grande fatia de torta que conseguira. Cordia estabeleceu sua nova empresa, a Tennessee Bun, no Texas.

Ela planejou começar aos poucos. Mas a rede McDonald's passou a distribuir um brinde que criou um fluxo inesperado de gente comprando hambúrgueres. E todos os hambúrgueres precisavam de pãezinhos. Cordia teve de acelerar a produção: sua nova padaria era rapidíssima, produzindo mil pãezinhos por minuto, vinte e quatro horas por dia, na primeira quinzena de operações. "Que início tivemos!", exclama ela.

Quando a promoção terminou, a demanda afrouxou demais. Cordia descobriu que os pedidos da McDonald's exigiam menos da metade de sua capacidade máxima. Aqueles fornos vazios a preocupavam. Aí, apareceram os compradores de outra cadeia de lanchonetes encomendando pãezinhos. Para Cordia, foi um alívio. Havia um único problema: ela se comprometera a só fazer pães para a McDonald's.

A maioria das mulheres teria suspirado com tristeza e lamentado o dinheiro jogado pela janela. Afinal de contas, negócio é negócio. Mas Cordia não podia deixar passar uma oportunidade tão boa, sem, no mínimo, tentar. Quando seus contatos na McDonald's vetaram a idéia, ela continuou pressionando. "No início, encontrei muita resistência", lembra ela. "Para convencê-los, tive de fazer muitas viagens à matriz em Illinois. Eu explicava que isso reduziria os custos e me fortaleceria financeiramente. Tive de repetir muitas e muitas vezes."

Cordia provou que, com a entrada da outra rede, todos sairiam ganhando. Ela faria mais dinheiro se a padaria tivesse uma base mais firme. A McDonald's continuaria recebendo os pãezinhos de que precisava e seus custos seriam reduzidos. A outra rede ganharia um novo fornecedor. Ela continuou martelando até a McDonald's concordar. "Agora, o meu negócio mais do que dobrará. Além disso, nós nos tornamos o fornecedor da McDonald's que oferece o preço mais baixo", diz ela, orgulhosa.

Um final feliz? Ainda não. Cordia está apenas começando. Logo depois que assinou o contrato, a outra rede pediu-lhe para congelar parte do pão antes de despachá-lo. Só que a Tennessee Bun simplesmente não tinha espaço para aumentar a capacidade de congelamento da indústria. Cordia pensou que havia empacado, até que soube que a confeitaria Rich Products colocara à venda sua fábrica de cinco mil metros quadrados. A dinâmica empresária entrou imediatamente em ação. Em menos de uma semana, ela havia inspecionado as instalações e apresentado uma proposta. Seu lance era centenas de milhares de dólares abaixo do concorrente mais próximo, como descobriu mais tarde. Ela sabia que não poderia superar os concorrentes. Simplesmente não tinha dinheiro, mas era dona de uma percepção e de um discernimento que os outros não possuíam.

Cordia fizera o dever de casa: o corretor lhe contara que a família Rich estava preocupada com a idéia de que o novo proprietário demitisse muitos de seus empregados. A empresária resolveu negociar "estritamente com base nas pessoas". Ela não tinha dinheiro para melhorar sua proposta, mas poderia comprometer-se a manter todos os empregados. Prometeu até equiparar os salários deles aos que pagava aos trabalhadores da Tennessee Bun. "Eu disse aos donos que teriam de decidir o que era mais importante para eles. Funcionou. Da noite para o dia, voltaram e aceitaram", orgulha-se ela.

Cordia sabia que ainda não tinha terminado. Era um enorme compromisso financeiro e ela receava que algo inesperado furasse o negócio antes do fechamento. Contra qualquer tradição (e o conselho de seu corretor), Cordia pediu que um representante de Mr. Rich a acompanhasse na inspeção final. Isso salvou todo o negócio. Quando chegaram à fábrica, o gerente e o engenheiro da empresa de Cordia constataram furiosos que faltavam peças essenciais do equipamento. Mas não se tratava de uma trapaça. Quando mostrou o que faltava, o representante do vendedor disse que não havia notado a falta das peças e propôs deixar boa parte da mobília e do equipamento de escritório. Também concordou em pagar a pintura da fábrica, que estava em péssimo estado. "Se ele não estivesse presente, jamais teríamos fechado o negócio", alegra-se Cordia.

Quando estavam para assinar o contrato, Cordia teve sua oportunidade de ser generosa. Percebeu que, equivocadamente, o contrato cobrava dela a taxa de cinco mil dólares normalmente paga pelo vendedor. Mas ela havia "reservado um dinheiro para os imprevistos", uma tática para facilitar as etapas finais de uma grande transação. "Se tenho de deixar cinco mil dólares na mesa para garantir que tenhamos um bom relacionamento, para mim vale a pena."

Aqueles cinco mil dólares investidos no relacionamento com os Rich já se pagaram, como ela diz: "A confeitaria deles precisa de pãezinhos e nos chamou para encomendar uma cota."

No Comando

Como demonstra a experiência de Cordia, não se pode dobrar a mesa da negociação e despachá-la para o sótão depois de apertar as mãos. Raramente um acordo inicial se mantém igual até o fim. Normalmente ele termina parecendo um daqueles lenços que os mágicos tiram da cartola – um amarrado no outro, formando uma corda sem fim. Surgem novas questões, são criadas novas alianças, aparecem novas oportunidades. Por isso, não é uma boa idéia fazer um acordo que deixe um gosto amargo para qualquer das partes. Pode azedar incontáveis negociações futuras. Sue Rodin representa algumas das atletas mais "quentes" do momento. Apesar de os agentes especializados em esportes serem considerados negociadores duríssimos, Sue prefere não esticar a corda toda e investir em relacionamentos futuros. "É bobagem aborrecer as pessoas insistindo em obter o máximo possível em todas as negociações."

A atitude de Sue cativou John Hildenbiddle, antigo vice-presidente de serviços criativos da indústria de papel Champion. John resolveu trabalhar exclusivamente com as atletas representadas por Sue e acertou a apresentação delas em escolas, num programa patrocinado pela companhia. Pode ser difícil uma boazinha se sentir bem ao abrir mão de algum dinheiro. Estamos tão habituadas a sermos trapaceadas que terminamos nos sentindo cronicamente exploradas. Depois de anos aceitando maus negócios, ficamos na defensiva e cheias de desconfiança. Passamos a pressupor que todo mundo está querendo se aproveitar de nós e corremos o risco de partir para o extremo oposto, nos empenhando em arrancar até o último tostão possível do negócio, sem ceder um milímetro.

Quando você se sentir relutante em fechar uma transação, apesar de estar obtendo a maior parte do que pediu, dê um passo para trás e se pergunte se já não estará fazendo um bom negócio. "Deixe de se preocupar com o que a outra pessoa está conseguindo", recomenda a empresária Susan DeFife. "Se está conseguindo a sua parte, não se importe com o que o outro lado obtém."

Minha amiga Elaine colocou sua casa à venda e conseguiu o preço pedido em menos de duas horas. Boa notícia, não? É, mas aquela venda rápida a fez pensar que poderia ter pedido mais. Ela se remoía ao ler os anúncios imobiliários e se atormentava com as fofocas dos vizinhos sobre os preços altíssimos das casas. Entrou num estado de absoluto remorso de vendedor.

Aí, os compradores mandaram um engenheiro examinar a casa e ele encontrou uma infiltração no banheiro. O conserto custaria cerca de trezentos dólares, mas Elaine se recusou a pagar. Depois de uma semana, ela cedeu, mas os compradores sentiram-se magoadíssimos com sua atitude. Por causa de trezentos dólares, ela quase perdeu uma venda de cento e cinqüenta mil (como depois verificou, um preço muito justo).

Preste sempre atenção nos seus objetivos principais para não deixar que problemas insignificantes afundem um bom negócio.

SIGA EM FRENTE

Concentre-se em fechar o negócio a partir do momento em que sentar-se à mesa de negociação. Evidentemente, será necessário preparar uma transação inteligente, mas nunca se sinta levada a aceitar um acordo ruim só porque investiu muito tempo e esforço na negociação. Lembre-se, porém, de que um negócio razoavelmente bom fechado é melhor do que um grande negócio dissolvido. Você poderá deparar com obstáculos capazes de sabotar negociações frutíferas a qualquer momento. Municie-se com estratégias para ajudá-la a superar algumas barreiras comuns.

Esteja preparada para fazer aquela pergunta básica: "Podemos fechar o negócio?" É impressionante a freqüência com que fazemos o dever de casa, escutamos atentamente, apresentamos o nosso melhor argumento e aí... nada! Timidamente, permanecemos ali, numa tensão daquelas, tentando parecer despreocupadas, esperando o outro puxar o talão de cheques. "É preciso aprender a encerrar uma conversa", diz a empresária Melissa Moss. "Quando os interesses estão satisfeitos e qualquer discussão adicional não seria produtiva, deve-se fazer uma proposta."

Você talvez esteja adiando a proposta por medo de rejeição. A imensa maioria das pessoas detesta receber um *não*. No entanto, se você não perguntar, poderá perder a chance de transformar um *talvez* num *sim*. Beth uma vez deu à sua tropa de bandeirantes uma aula sobre essa questão. Ela conseguira autorização para as meninas venderem biscoitos no saguão de um banco. As bandeirantes estavam umas gracinhas em seus uniformes verdes e sorriam à passagem dos clientes, que desviavam os olhos das caixas de biscoitos.

Desanimadas, as meninas queriam voltar para casa. Beth explicou que elas tinham de se aproximar das pessoas, perguntando: "O senhor não gostaria de comprar biscoitos das bandeirantes?" A tática funcionou maravilhosamente bem.

Como as bandeirantes aprenderam, às vezes basta perguntar para fechar um negócio. Quando encontra alguma resistência, você não pode desistir. "No instante em que se ouve um *não*, sabemos que a negociação começou", diz a jornalista Sandra Pesmen. "É este o verdadeiro ponto de partida."

Esse primeiro *não* pode indicar que você não explicou muito claramente os benefícios do negócio para a outra parte. Será necessário lembrar o que você tem a oferecer e o que o adversário tem a perder se não chegarem a um acordo. Não o faça sentir-se ameaçado. Basta apresentar as conseqüências prováveis se ele deixar esse negócio escapar.

Três Estratégias para Resolver um Impasse

O impasse é a maior ameaça para uma negociação. Assim, quando o seu adversário fechar a porta, aqui estão três estratégias para fazê-lo abri-la de novo.

Estratégia nº 1: ganhe tempo

Se você tem filhos, provavelmente já teve de agüentar longas tardes chuvosas dentro de casa com aquelas pestinhas entediadas. O humor encolhe, as vozes se elevam e logo estão todos chorando.

Exasperada, você separa os combatentes. Depois de dez ou quinze minutos em seus quartos, eles estarão prontos para se mostrar um pouco mais civilizados. Você teve um minuto para recuperar a compostura e inventar algumas atividades não-violentas que os manterão ocupados até a hora do jantar.

Essa manobra também funciona com os adultos. Um hábil negociador sabe que uma separação estratégica pode arrefecer os ânimos depois de uma discussão. Quando os humores se incendeiam e as conversas empacam, pense numa pausa. Pode ser difícil, especialmente quando se está diante de um prazo limitado. Mas insistir na conversa, apesar do desgaste e do cansaço da batalha, pode ser contraproducente.

A senadora republicana Olympia Snowe provou ser uma hábil negociadora durante o escândalo sexual envolvendo o então Presidente Bill Clinton. Quando o julgamento do Senado se aproximava, democratas e republicanos entraram num impasse. Os republicanos tinham votos suficientes para obrigar os democratas a levar muita gente ao banco de testemunhas. Mas Olympia receava que, se os republicanos forçassem muito a barra, os eleitores jamais os perdoariam por utilizar as câmeras do Senado para encenar um espetáculo cujo único objetivo seria constranger o presidente.

Ela acreditava que uma solução que agradasse aos dois partidos seria a única maneira de manter o respeito dos eleitores. Então propôs que os legisladores fossem para casa dormir pensando no assunto. Na manhã seguinte, eles haviam recebido uma luz. Os dois partidos concordaram nas regras para o julgamento, pelas quais poderiam convocar apenas três testemunhas essenciais.

Estratégia nº 2: faça algo inesperado

Judith estava chegando a seu limite. Depois de anos trabalhando na galeria de arte que tinham aberto juntos, Mark, seu marido, se aposentou. Judith continuou trabalhando em tempo integral e pressupôs que o marido utilizaria parte de seu tempo livre, agora bem maior, para ajudar na casa. Nada disso.

Repetidas súplicas para alguma ajudinha em casa caíam em ouvidos moucos. Por fim, Judith teve de bater o pé. Para chamar a atenção do marido, ela criou um inesperado Plano B: escreveu uma carta para ele expondo toda a sua mágoa: "Não tenho mais forças para fazer tudo. Você precisa me ajudar." Mark a levou a sério. A decisão de apresentar o que pensava por escrito serviu para enfatizar o quanto sentia profundamente, pois não costumava escrever cartas para ele.

Mark concordou em fazer a sua parte. Nos meses seguintes, levava sempre a carta de Judith no bolso para servir de lembrete.

Estratégia nº 3: verifique com especialistas

Você diz *póça*. Ele diz *pôça*. Quem está certo?

Esta é fácil. Basta olhar no dicionário.

Em geral, não é tão simples solucionar a maioria das disputas. Contudo, o princípio básico de resolver uma diferença de opinião recorrendo a uma fonte confiável e objetiva funciona muito bem. E quase sempre é possível encontrar um terceiro que ajude as duas partes a descobrir o que é mais justo.

Por exemplo, você está vendendo seu Gol de quatro anos de fabricação. Pede onze mil reais. O vizinho diz que não quer pagar mais de nove mil. Jogo paralisado.

Para levar a negociação adiante, você pega o jornal do domingo passado, abre nos classificados e mostra a tabela dos preços de mercado dos automóveis usados. Talvez os dois ainda tenham de discutir se o carro está em "excelentes" ou em "boas" condições, se tem ou não tais acessórios, mas pelo menos já conseguiram um ponto de partida objetivo.

Trazer para a discussão padrões de fora facilita a saída quando se está num beco. Quando você se agarrou a uma determinada posição durante horas de dura negociação, pode ser difícil dizer "eu estava errada"; mas, ao se deparar com padrões objetivos, provavelmente conseguirá admitir que estava "mal informada".

Recorrer a um especialista também pode ser uma estratégia para você se proteger se questionar em sua habilidade na negociação. Evidentemente, queremos que você tenha confiança em seu próprio julgamento. Mas, se tiver de explicar à sua chefe por que não conseguiu fazer o fabricante de tecidos chegar ao preço visado, uma boa ajuda será mostrar a reportagem sobre a colheita de algodão que ficou abaixo da média e elevou os preços do atacado à estratosfera.

MAIS DO QUE SUA JUSTA PARTE

Quando está tentando inventar um meio para convencer um adversário recalcitrante a lhe dar um pedaço maior da torta, é bem provável que você fique no maior entusiasmo ao conseguir mais do que imaginava merecer. Mas é melhor pensar duas vezes antes de saltar em cima dessa chance inesperada.

Uma vez, há vários anos, Denise Areal conseguiu fazer um fornecedor baixar exageradamente seu preço. Pouco tempo depois, quando voltou para negociar com a empresa, descobriu que o rapaz com quem fechara o contrato tinha sido demitido. "Me senti mal e aprendi a nunca mais fazer isso. Aquele negócio foi bom para a Du Loren, mas não para mim", diz ela. "O outro lado tem de sentir que também ganhou na negociação e que o acordo final não foi só nos meus termos, nem nos dele. Foi uma mistura dos dois."

Quando o namorado se oferece para levar as suas roupas sujas para a lavanderia, ele está tentando ser um cara legal. Deixe-o levar as roupas. Quando alguém tenta lhe fazer o que é evidentemente um favor, agradeça e aceite a cortesia. Mas quando lhe parecer estranho e desproporcional, pare e pense. O que lhe será cobrado de volta?

A história é bem diferente quando a inocente menininha está quase trocando a vaca leiteira premiada de sua mãe por um punhado de feijões mágicos. É imoral, nada ético e, às vezes, ilegal aproveitar-se de alguém que obviamente não tem a menor idéia de que está entregando o tesouro. Não estamos interessadas em saber quantos maus negócios você fez no passado ou quantas vezes você deixou algum vigarista se aproveitar da sua ingenuidade feminina. O que queremos lhe dizer é: não queira se vingar bancando a esperta para cima de outra pessoa.

Pense naqueles maus negócios em que você entrou no passado. Como se sentiu depois que percebeu que tinha aceitado um salário 15 por cento abaixo da média do mercado? Isso fez você ter vontade de trabalhar mais e com maior afinco? Tenho certeza de que não e imagino que você tenha começado imediatamente a procurar um novo emprego. A longo prazo, seu empregador teria feito melhor se apenas pagasse um salário justo. Ele não percebe o custo de encontrar e treinar novos funcionários. Também não leva em conta o rendimento a mais que poderia recolher se oferecesse alguns incentivos para os empregados permanecerem na firma e trazerem novos clientes.

Lembre-se daquela época na sua infância em que você convenceu sua irmãzinha a trocar todas as moedinhas dela pelo dinheiro de mentirinha do jogo Monopólio. Quando ela percebeu o que você tinha feito, jurou se vingar. No dia em que você entrou no quarto e viu que ela havia pintado de todas as cores aqueles seus cartazes maravilhosos conseguidos com muito esforço, chegou à conclusão de que as moedinhas não tinham sido um grande negócio.

Agora somos gente grande, mas esquecemos essas primeiras lições sobre a importância de negociar honestamente. Recebemos uma lavagem cerebral que nos fez acreditar que os perdedores merecem o que têm e, com isso, nos envergonhamos de admitir que fizemos maus negócios. Eu ainda tenho fé naquele princípio básico da boazinha: o que vai acaba voltando. Não deixe sua vontade de sair ganhando estragar seu senso de justiça.

O Choque do Futuro

Muito bem. Você está na reta final. Resolveu os pontos mais importantes, cuidou dos detalhes, agora está pronta para assinar.

Não tão depressa, queridinha. Antes de assinar qualquer coisa, faça uma rápida projeção. Você está certa de que, a médio e longo prazos, seu adversário cumprirá o acordo? E se ocorrer algum imprevisto que modifique a situação no futuro? Não deixe o entusiasmo cegá-la para as nuvens negras no horizonte. Você talvez esteja muito orgulhosa por se manter firme e obrigar o cretino do seu ex-marido a pagar sua parte no sustento dos filhos. Mas o que acontecerá se ele deixar o emprego por qualquer razão? Você não tem recursos para passar meses sem o cheque da pensão da criança. Vá à sua advogada e percorra com ela todos os roteiros dos piores casos para certificar-se de ter cobertura.

Pergunte a si mesma se há probabilidade de você mudar de idéia sobre o acordo nos próximos meses. Pode ser emocionalmente complicado: você ainda está flutuando com a euforia de ter obtido uma solução do tipo ganha-e-ganha, não quer deixar o ar de seu balão escapar pensando em tudo o que pode dar errado. Minha amiga Gail diz que seu marido teve de treiná-la para pensar no futuro sempre que entrar num novo relacionamento de negócios. "Antes de entrar, você terá de pensar como sairá", diz ela.

Essa não é uma abordagem otimista. Em todo caso, pensar como e por que você romperia um relacionamento pode ajudar a saber se um negócio continuará valendo a longo prazo. "O mundo lá fora é duro, não há nenhuma garantia. Você tem de saber com o que terá de conviver."

Você também deveria fazer um acordo prévio sobre as providências necessárias se a negociação for rompida em algum ponto. Se é uma briga pessoal, haverá um amigo ou parente em que ambos confiem? Se for uma questão de negócios, talvez um juiz local ou o funcionário de uma organização comercial possa ajudá-la a resolver o caso. Se for possível determinar um árbitro ou mediador antes de surgir a briga, será menos um ponto para discutir mais tarde.

Mais uma Coisinha

Depois de horas, dias e até semanas, você finalmente acertou tudo. Está pronta para encerrar o dia e apagar as luzes quando seu adversário anuncia, como se fosse muito natural: "Só mais uma coisinha..." O que você faz? a) Rasga o acordo e sai correndo da sala, b) Dá um soco no nariz dele ou c) Respira fundo, junta as mãos e escuta pacientemente o que ele tem a dizer.

Na verdade, é bastante comum surgir uma nova questão exatamente na hora em que você pensa que fechou o negócio. "É frustrante", diz Linda Chaplik Harris. "Mas, às vezes, surgem questões legítimas."

Quando se vê numa dessas situações, Linda faz o teste da empatia, procurando colocar-se no lugar do adversário. Depois de ouvi-lo, ela se pergunta: "Se eu estivesse sentada do outro lado da mesa, sentiria necessidade de resolver essa questão?" Se a resposta é *sim*, Linda ouve com paciência e procura resolver. Se a resposta é *não*, ela não hesita e recusa-se a continuar negociando. "Você precisa dizer: 'vamos colocar um ponto final'."

Anote Tudo!

Samuel Goldwyn, o magnata do cinema, disse uma vez que um acordo verbal não vale o papel em que está escrito. Legalmente, não é bem assim; com certeza, é bem mais fácil fazer cumprir um trato escrito e assinado. Por isso, a agente de esportistas Sue Rodin não perde tempo em transformar compromissos verbais em acordos escritos, primeiro com memorandos da negociação, depois com contratos formais.

O memorando da negociação é um documento decisivo. Providencie para que os pontos essenciais sejam anotados clara e corretamente. Certifique-se também de que o seu lado prepare esse relatório, o que lhe dará controle sobre o tempo e a redação. Para evitar problemas posteriores, alguns especialistas recomendam revisar o memorando junto com o adversário antes de despachá-lo. Pergunte diretamente se foi esse o acordo feito e se algo ficou de fora. Assim, quando o relatório chegar, não haverá nenhuma surpresa desagradável.

De Volta ao Poço

Uma vez assinado o contrato, você está presa, não é?

Não. Contratos são escritos a tinta, não gravados na pedra. É muito comum a boazinha pressupor que, depois de escrito, o mau negócio é irreparável. Não permita que um contrato evite que você peça melhores termos. Talvez tenha de ser uma árdua batalha, mas você poderá descobrir que a outra parte é mais flexível do que imaginava.

Beth e eu passamos por uma dessas há algum tempo, quando trabalhávamos neste livro. No início, eu pretendia fazer sozinha boa parte do trabalho e Beth contribuiria com idéias e uma ou outra historinha engraçada. Preparamos o esboço de um contrato que me dava a parte maior do adiantamento de direitos autorais. Durante os meses de trabalho fui acometida por uma versão americana das pragas do Egito: piolhos, inundação no porão, seja lá o que você quiser.

Quando o prazo final começou a se aproximar, percebi que precisava de ajuda. Liguei para Beth pedindo socorro. Como é minha amiga, ela me ofereceu empatia e simpatia ao mesmo tempo. "Vou fazer o possível, e depois falamos do dinheiro", disse ela. Mais tarde, apesar de alguns momentos de tensão e ligeiros desentendimentos, chegamos a uma divisão meio a meio. Nós duas ficamos satisfeitas com o acordo e – o mais importante – com nosso livro.

Ter que rever um contrato dá a sensação de que se cometeu um erro. É como se houvéssemos subestimado o tempo que algo levaria. Ou estivéssemos exageradamente otimistas sobre os custos. Não previmos a possibilidade de mudança no mercado, no clima ou seja lá no que tenha feito esse negócio deixar de funcionar para nós. Lembre-se de que ninguém é perfeito. Erros são cometidos todos os dias. Você não terá de viver com a decisão errada para sempre. Se forem pessoas justas e honradas, os adversários terão boa vontade para escutar suas preocupações e poderão concordar em ajudá-la a sair do poço.

SOLUÇÕES CONCILIATÓRIAS

Muitas mulheres como nós estão descobrindo que negociações são maneiras eficazes e compensadoras de nos movimentarmos pela vida. Cercadas de vencedores e perdedores, estamos aprendendo a comemorar a beleza e o equilíbrio do acordo firmado. Negociar um acordo justo é uma boa maneira de alimentar um relacionamento que beneficie as duas partes.

Se você trabalhou bastante para planejar um acordo mutuamente benéfico e se trocou concessões de valor equivalente com seu adversário, talvez tenha terminado com algo que parece muito diferente do que imaginou no começo. Contudo, a nova solução pode lhe trazer benefícios inesperados.

Veja o caso de Maria, uma administradora de hospital. Quando pediu um aumento no ano passado, seu supervisor explicou que não tinha folga no orçamento para atender o pedido. Em troca, ofereceu-lhe um tempo de folga a mais, vinte dias de férias remuneradas. No início, Maria não se impressionou com a proposta, preferia o dinheiro a mais. No entanto, ao perceber que o supervisor lhe oferecia o máximo que podia, aceitou de bom grado. Teria algum tempo livre para assistir às apresentações de balé da filha, poderia pintar seu quarto e até – luxo dos luxos – passar dois ou três dias em casa, de pernas para o ar, sem fazer absolutamente nada!

Infelizmente, não foi o que aconteceu. Seu pai adoeceu e ela usou os dias de folga para pegar um avião e passar uma semana com ele – a última de sua vida. Àquela altura, a solução do supervisor de Maria pareceu ter sido uma inspiração divina.

Um Bom Negócio Merece Outro

Depois de dar os toques finais numa boa negociação, você merece mais do que um tapinha nas costas. Está na hora de fazer uma festa. Convide até o seu adversário e comemore. Não precisa ser uma festa sofisticada, mas a comemoração da sua vitória deve ser compensadora o bastante para inspirá-la a continuar negociando sempre que tiver uma chance.

Não se culpe se a sua negociação não foi tão boa quanto você esperava. "Eu ainda cometo erros", admite Irma Elder, a grande revendedora de automóveis de setenta e tantos anos de idade. Se Irma ainda tropeça de vez em quando e continua virando a chave para tentar ligar o motor, também temos esse direito. E devemos nos alegrar pela aprendizagem que essas tentativas proporcionam e por nossa disposição em recomeçar.

Prometa a si mesma continuar tentando. Leia outros livros sobre negociação. Faça um curso, se puder. Pratique, pratique, pratique.

Se pareço otimista demais, é porque no ano passado conversei com muitas mulheres que usaram sua habilidade na negociação para ir em frente, para crescer, consertar os erros e mudar o mundo.

Sempre haverá alguém que tentará tapeá-la, e uma ou outra pessoa conseguirá. Mas, se estiver preparada, você começará a fechar acordos cada vez melhores e aprenderá a virar as costas para os maus negócios.

Não é fácil pedir o que realmente queremos, olhar alguém direto nos olhos e dizer: "Meu trabalho vale mais do que isso. Faça outra proposta." Se estiver bem preparada, bem informada e acreditando de verdade em seu próprio valor, você pode ser boa moça e boa negociadora. Isso quer dizer que da próxima vez que você tentar obter o que merece não será dominada por seus medos e ansiedades. Ao contrário, saberá o que quer e por que quer. Essa será a melhor maneira de começar. E, se usar plenamente sua criatividade, inteligência, sensibilidade e perseverança – para não falar na sua bondade natural –, é claro que conseguirá!

A MALDIÇÃO DA VENCEDORA

Nem sempre acontece, mas, às vezes, por um passe de mágica, aparece na mesa um negócio perfeito. Pode-se ver a meia légua de distância que esse acordo funciona para qualquer um. Você tem vontade de gritar: "Sim! Maravilha! Com certeza! Não é preciso discutir mais nada! Me passe a caneta!"

Contenha-se. Os benefícios mútuos desse acordo podem estar limpidamente transparentes para você, mas uma exagerada reação entusiástica talvez deixe a outra parte se perguntando se ela não renunciou a mais do que deveria na negociação.

Veja o caso da assistente editorial Ingrid. Depois de um ano trabalhando numa revista, ela resolveu pedir um aumento. Ao fazer o dever de casa, descobriu que a faixa salarial para editores em seu nível ia de trinta e cinco mil dólares a setenta e cinco mil. Ela estava recebendo trinta mil dólares. Os amigos a aconselharam a não exagerar, mas Ingrid resolveu "botar pra quebrar" e pedir quarenta mil dólares.

Para escorar sua argumentação, Ingrid fez uma lista de tudo o que realizara durante o ano. Depois ensaiou o discurso, primeiro diante do espelho, depois para a irmã mais velha. "Eu estava enlouquecida e queria explicar tudo!" Só que, assim que entrou na sala do chefe, ele disse que não tinha tempo para escutar suas explicações. Apenas queria saber quanto ela desejava. Quando Ingrid conseguiu gaguejar sua exigência salarial, o editor disse: "Tudo bem. Estamos acertados."

Ela se sentiu vitoriosa – até chegar em casa e anunciar a grande notícia. "Minha irmã me disse que, se ele tinha concordado assim, é porque eu podia ter pedido muito mais. Eu falei que ela era uma desmancha-prazeres. Acho que ela estava errada. Em todo caso, desde então, penso duas vezes." O distraído chefe de Ingrid quebrou uma das regras mais importantes da negociação. Não concorde com a primeira proposta, mesmo que seja exatamente o que você tinha em mente. Faça a outra parte saber que você a leva a sério (e não está passando a perna em ninguém). Se você disser um *sim* muito depressa, a outra parte passará noites em claro pensando que poderia ter obtido ainda mais.

O chefe poderia ter feito um grande favor a Ingrid (e calado a boca de sua irmã) dando-se ao trabalho de perder alguns minutos explicando que os 33 por cento de aumento eram exatamente o que ele havia pensado. Dando um *sim* imediato, ele tirou um pouco da alegria dela pelo incrível aumento. Um pouco mais de empatia da parte do chefe teria feito o grande negócio parecer ainda mais fantástico!

COMO TIRAR O MÁXIMO DE UM *NÃO*

Alguns negócios não se fecham, por mais que você se esforce. Apesar da sua persuasão e das estratégias mais criativas, existem pessoas incapazes de reconhecer um bom negócio, mesmo que ele pulasse no colo delas, enchesse seu rosto de beijos e sussurrasse em seus ouvidos: "Este vale a pena, boneca!" A empresária Susan De-Fife afirma: "Certos negócios simplesmente não funcionam." Em vez de forçar a barra, ela aconselha um recuo. "Só porque faz sentido, não quer dizer que acontecerá", suspira Pam McDonough, diretora do Departamento de Comércio e Assuntos Comunitários de Illinois.

Quando a outra parte vira as costas a uma proposta que parece perfeita para os dois lados, você não deve explodir de indignação. Em vez disso, mantenha abertas as vias de comunicação e, se possível, faça a seus adversários um convite para voltarem à mesa caso mudem de idéia. Um belo dia eles a surpreendem e aparecem.

Nesse meio tempo, recupere-se. Há muitas maneiras agradáveis de encerrar uma rodada de negociações que não chegam a um resultado. Se foi você quem decidiu recuar, seja o mais delicada possível. "Você poderá deixar o projeto em suspenso", sugere a especialista em negociação Susan Onaitis. "Termine com uma frase otimista, como 'Espero que no futuro venhamos a fazer algum negócio'. Se você desistiu, isso não significa que seja necessariamente para sempre."

Fran Lent, que criou uma linha de congelados saudáveis para crianças, procura extrair o máximo de qualquer impasse olhando para a frente. "Nem sempre se consegue satisfazer o outro lado", diz ela. Mas Fran descobriu que até mesmo as negociações sem resultado podem oferecer algumas idéias para oportunidades futuras. Por exemplo, quando uma cadeia de supermercados rejeita sua linha de produtos por falta de espaço nos congeladores, ela procura descobrir se algum outro produto poderá ser eliminado. "Se houver possibilidade de espaço nos próximos cinco meses, consideramos positivo. Mesmo não obtendo uma conta logo da primeira vez, a porta estará aberta para a próxima."

UMAS PALAVRINHAS SOBRE CONTRATOS

Tenho uma confissão a fazer: detesto examinar contratos. Não agüento ter de ler todas aquelas páginas e mais páginas de detalhes legais. É exaustivo examinar aqueles parágrafos horrorosos que estabelecem as "penalidades" que me serão infligidas se eu deixar de cumprir as minhas obrigações e o foro que decidirá quaisquer processos relacionados ao tal negócio. Depois de ler uma ou duas páginas, me dá vontade de fechar os olhos e assinar.

Só que já aprendi da pior maneira possível que não se pode permitir que as aflições prevaleçam quando se trata de um contrato. Portanto, aplicadamente, arranjo um momento tranqüilo para ler cada cláusula, todas as cláusulas, uma por uma, e sempre arranjo alguém para me explicar o que significam aquelas expressões técnicas na linguagem da vida real. Tive de superar o medo de fazer perguntas burras. Quando se trata de contratos, a pura verdade é que a única pergunta burra é aquela que você foi tímida demais para fazer.

Mesmo sendo o seu advogado da mais absoluta confiança, LEIA O CONTRATO CUIDADOSAMENTE. Até o melhor advogado pode deixar alguma coisa escapar, e você é quem terá de arcar com as conseqüências se não reparar naquela mina enterrada na cláusula quatro, sétimo parágrafo.

Seja especialmente cuidadosa se houve antagonismo nas negociações. Notas de rodapé confusas, cobranças disfarçadas e omissões intencionais são algumas das maneiras que o outro lado poderá usar para se aproveitar de uma mulher confiante. Verifique duas vezes todas as datas. Um "erro de digitação" pode transformar 2001 em 2010, o que significa que você terminará esperando nove anos a mais para receber o último pagamento.

Fique de olho nos pecados de omissão. Terry Frishman, consultora de marketing, encontrou um desses quando revisava o contrato para um jantar beneficente. Terry havia convencido o proprietário de um restaurante chiquérrimo a lhe dar um abatimento no preço, já que os ricos e famosos que estariam presentes atrairiam muita publicidade. No entanto, quando o dono do restaurante passou o contrato por fax, o preço que nele constava não incluía o custo do vinho, como havia sido combinado.

Terry sabia que se o seu cliente tivesse de bancar a conta do vinho o bom negócio se transformaria num vexame caríssimo. Assim, ela juntou coragem, pegou o telefone e delicadamente mostrou o equívoco. Para seu alívio, o dono do restaurante reconheceu o erro e concordou em consertá-lo. "Se eu não tivesse percebido aquele detalhe, a conseqüência seria um enorme aumento no preço", diz ela. "Não se pode deixar escapar nada."

A advogada Linda Chaplik Harris de vez em quando encontra um erro que beneficia o seu lado. Depois de ponderar os interesses de seu cliente, em geral ela resolve jogar limpo com base no princípio de que vale a pena fazer a coisa certa: "Na imensa maioria dos casos, ganha-se maior credibilidade e respeito. Pode ser intangível, mas é um benefício incomensurável."

Capítulo 9

Boazinhas: A Próxima Geração

Nora e Ângela, duas irmãs, tinham um tremendo desafio a enfrentar. Quando estavam no começo do secundário, o problema de sua mãe com drogas fez com que a família fosse despejada do apartamento em que vivia. A mãe e as duas meninas se mudaram para um carro caindo aos pedaços.

Quando os professores da escola perceberam a situação, procuraram ajudar, colocando as garotas em contato com um centro local para famílias sem-teto que se mantinha informado sobre o paradeiro das duas e oferecia um lugar para tomarem banho. As professoras negociaram com a McDonald's para que elas almoçassem nas lanchonetes. Todos concordavam que era muito triste, mas não parecia haver mais nada que pudessem fazer. Não ocorreu a ninguém que as próprias garotas tivessem a força e a capacidade de encontrar um novo lar. Ou melhor, a ninguém, menos às meninas.

Por um incrível golpe de sorte, as garotas faziam naquele momento um curso especial de negociação. A professora viera do Programa de Jovens Negociadores de Harvard que se dedicava a disseminar o uso da resolução de conflitos do tipo ganha-e-ganha. As meninas tinham de estabelecer metas que poderiam atingir dentro das dez semanas de duração do curso, deviam discutir em grupo os possíveis obstáculos e criar planos de ação para contorná-los. A professora esperava que as aulas preparassem os alunos para as dificuldades da vida adulta. Contudo, suas recomendações inspiraram Nora e Ângela a negociar sua saída das ruas.

As meninas usaram uma estratégia simples: seu alvo eram os síndicos dos grandes edifícios de apartamentos do bairro onde estudavam. Num clássico exemplo de negociação, elas se colocaram no lugar de seus adversários. O que interessaria ao síndico? Junto com a professora, elaboraram uma proposta: em troca de uma boa redução no aluguel, elas se ofereciam para viver nos apartamentos vazios até serem alugados e, enquanto isso, os limpariam para os novos inquilinos. Isso significava que as meninas e sua mãe teriam de se mudar de um apartamento para outro, mas, pelo menos, teriam um endereço permanente. Para melhorar a proposta, ofereciam-se também para recolher o lixo e cuidar das áreas externas.

Ao ensaiarem o momento de fazer a proposta, apareceu um problema sério: o temperamento irascível de Ângela. Elas receavam que Ângela batesse em algum síndico de má vontade. Por isso, repassaram sem parar o roteiro. Se um síndico recusasse, elas diriam educadamente: "Muito obrigada pelo tempo que tomamos do senhor." E iriam embora. Depois de uma tarde de incontáveis recusas, Ângela informou à professora: "Você se orgulharia de mim. Não bati em ninguém!"

Por fim, a idéia funcionou e elas receberam um *sim*. O síndico que administrava um edifício a duas quadras da escola concordou em fazer negócio, cortando o aluguel pela metade em troca dos serviços de limpeza. Embora tivessem de mudar de apartamento muitas vezes, as meninas tiveram um teto sobre suas cabeças até o final do ano escolar, quando a família se mudou para outra cidade.

A negociação não pode resolver todos os problemas, nem salvar o mundo. Até a mais otimista das boazinhas tem de admitir essa dura verdade. Mas é incrivelmente animador pensar no que significaria para a sociedade se cada menina aprendesse a negociar com a habilidade e a competência de Ângela e Nora.

Um Futuro Ganha-e-Ganha

Os conceitos básicos da negociação não são novos para nós. Por séculos, as mulheres usaram sua capacidade de negociar para romper barreiras, discutir soluções para problemas complicados e cuidar de suas vidas e da vida de suas famílias. Contudo, ainda não conseguimos o tratamento igualitário que merecemos.

Está nas mãos das futuras gerações tornar isso uma realidade. Temos de ensinar nossas filhas a negociar por um mundo melhor para elas. Felizmente, há alguns indícios de que nossas filhas e netas estejam em uma posição bem melhor do que a nossa. Graças a um número de leis e decisões jurídicas relativamente novas, em muitos países, as mulheres estão protegidas de algumas das discriminações mais abomináveis no trabalho. Alguns princípios básicos do feminismo, como pagamento igual para trabalho igual, hoje são amplamente aceitos (embora nem sempre postos em prática), recebendo até o apoio da multidão dos "não sou feminista, mas...".

A próxima geração também terá a vantagem de seguir os passos de milhares de mulheres que dedicaram suas vidas a abrir novos campos, pessoal e profissionalmente. As mulheres de amanhã serão capazes de caminhar rapidamente por trilhas que foram pedregosas para suas mães e tias.

Jéssica, cinqüenta e dois anos de idade, diz que procura ajudar suas duas filhas a equilibrar compaixão e competitividade. "É bem complicado educar duas meninas para se defenderem sozinhas de maneira segura sem que se tornem pessoas egoístas", admite.

Ela acredita que para a geração de suas filhas será mais fácil aprender a harmonizar suas próprias necessidades com as de suas famílias, amigos, empregados e comunidade. "Nós tentamos romper os padrões muitas vezes de forma agressiva. As minhas filhas já tiveram um modelo diferente: elas viram as mulheres fazendo o que devia ser feito com amor."

AS NEGOCIADORAS DA NOVA ERA

O que exatamente podemos fazer para formar negociadoras mais ágeis na Nova Era? Aqui estão algumas sugestões.

MATRICULAR MAIS MENINAS – E MENINOS – EM CURSOS DE NEGOCIAÇÃO

O Programa de Harvard para Jovens Negociadores proporcionou o treinamento de professores em trinta e cinco escolas espalhadas pelos Estados Unidos. Avaliadores independentes descobriram que os alunos desses professores saíram do curso de negociação mais confiantes e mais hábeis. Denisha Shaw, que fez o curso, diz que utiliza sempre o que aprendeu: "Eu costumava jogar a culpa nos outros quando havia uma discordância. Agora, examino o ponto de vista do outro. O problema não é só meu. Mesmo quando discuto com a minha irmã, reflito: "O que ela poderia estar pensando?"

ENSINE A NEGOCIAR NA PRÁTICA

Em determinado momento, tive que chamar uma colega de minha filha para digitar uns textos de que precisava. Quando ela veio me entregar o trabalho, perguntei quanto lhe devia, e ela respondeu: "Ah, não sei. Pague o que você quiser." Convidei-a para tomar um café e aproveitei para lhe dar uma aula de negociação. Tive de admitir que eu fora conivente numa falha: tinha contratado seus serviços sem acordar previamente um preço. Disse-lhe que o fato de ela ser amiga de minha filha nos fizera cair numa armadilha: ficamos constrangidas em falar de dinheiro. Deveríamos, ela e eu, ter tomado conhecimento do preço de tabela do serviço para sermos capazes de negociar objetivamente.

COISAS DE MENINA, COISAS DE MENINO

Fui visitar Kathy, minha amiga. O filho dela jogava bola no jardim da casa, enquanto Glória, sua filha, preparava sanduíches para o lanche. Depois, a menina ajudou a mãe a tirar a mesa e ficou na cozinha lavando a louça. Tim continuava marcando gols numa trave imaginária, mas Kathy me contou que ele ganha um bom dinheiro aparando a grama do jardim do vizinho.

Vamos acabar com essa divisão de tarefas? Por que criar os filhos com essa noção entranhada de que "há coisas para meninas e coisas para meninos"? Por que valorizar a atitude agressiva do filho, enquanto exige da filha meiguice e doçura, sem falar em submissão? Quanto mais diversificadas as nossas habilidades, mais forte a nossa postura nas negociações. Vamos fazer nossas filhas serem capazes de consertar aparelhos elétricos, entenderem das finanças familiares e das aplicações de dinheiro. Vamos, desde cedo, dividir as tarefas domésticas entre filhos e filhas e teremos no futuro homens companheiros de suas mulheres no cuidado da casa.

Ajude-a a pensar grande

Quando sua filha aprender a escrever, diga-lhe para escrever seu nome em letras grandes. Esse conselho é de Joline Godfrey, editora de *No Frogs to Kiss: 99 Ways to Give Economic Power to Girls* [Nenhum sapo para beijar: 99 maneiras de proporcionar poder econômico para as meninas]. Incentive sua filha a pensar grande. Se ela disser que deseja ser médica, não a empurre para fazer pediatria. Mostre que existem outras opções. Ajude sua filha a assumir riscos e a ampliar seus talentos. Se ela tem uma boa voz, leve-a para fazer um teste quando aparecer um anúncio recrutando crianças para o coro de um musical. Talvez ela não ganhe o papel, mas a experiência vai ampliar seus horizontes.

Admita os seus erros

Os meninos escutam histórias de goleiros que "engoliram frangos", e, mesmo assim, foram escalados para campeonatos mundiais. Quando ouvem falar de uma bola fora de Pelé, por exemplo, eles percebem que não tem importância o jogador cometer um erro se estiver dando o melhor de si. Sua filha também precisa saber que mulheres de sucesso podem falhar.

Acostume-a, desde cedo, a ouvir você admitir seus erros com tranqüilidade. Quando tiver de apontar os erros dela, tente não exaltar-se nem culpá-la. Mostre que é errando que se aprende. Em vez de julgá-la e puni-la, reflita com ela sobre o que causou o problema e o que deve ser evitado numa próxima vez. Diga-lhe que as pessoas que afirmam nunca cometer erros estão mentindo, pelo menos, para si mesmas.

Dê-lhe muitas oportunidades de ganhar – e de perder

A psicóloga infantil Sylvia Rimm pesquisou a educação de mil mulheres "bem-sucedidas e satisfeitas". Entre as experiências positivas da infância elas destacavam o "sucesso na competição". É muito comum frearmos a busca das meninas por sucesso achando que isso é coisa de menino. Por medo do que imagina ser uma "atitude masculina", você pode impedir sua filha de realizar-se. Só que aprender a ganhar e a perder é importante para entender que a vida tem altos e baixos, que cada um tem sua vez e que as eventuais falhas que levaram ao fracasso podem ser corrigidas. "Ganhar proporciona confiança, perder reforça o caráter", explica Sylvia.

Mostre que ela pode dizer não *– até para você*

Não crie uma menina que não sabe dizer *não*. "Eu já era uma professora de Ciência Política, de quarenta anos, quando descobri que não precisava dizer *sim* para um convite só porque não tinha mais nada para fazer", admite Heather, da Girls Incorporated.

É uma alegria ter uma filha simpática e agradável. Quando alguém pergunta se sua filha adolescente pode cuidar do bebê, tocar piano para as visitas ou treinar o time de vôlei das garotas, você se derrete toda ao ouvir ela respondendo: "Claro, vou adorar!" O excesso de simpatia, às vezes, não é nada saudável. Como suas mães, as garotas continuam a ser "socializadas para agradar a todo mundo", diz Heather.

Além do mais, muitas meninas – especialmente as filhas de mães trabalhadoras – recebem uma boa carga de tarefas, entre as quais cuidar dos irmãozinhos depois da escola. Realizar alguns trabalhos domésticos ajuda a dar um senso de competência e responsabilidade à criança, mas o excesso deixará a menina sobrecarregada e desesperada.

Dizer *não* a um pedido ou a uma ordem não é agressão, é pura expressão do desejo. É o reconhecimento de que o mesmo direito que o outro tem de pedir você tem de recusar. É claro que não estamos falando de pessoas egoístas e insensíveis às necessidades dos outros. Um *não* inicial pode ser ponto de partida para uma negociação saudável e respeitosa em que cada um vai colocar suas razões para que seja tomada a decisão mais justa.

Estimule-a a negociar em seu próprio favor

O melhor presente que você pode dar à sua filha é uma chance de praticar a negociação em seu próprio favor. "Acho que é importante dividir com seus filhos as questões difíceis para que eles saibam por que você tem de lutar para encontrar seu caminho", diz Charlotte Lyons.

Pare um segundo para refletir, antes de assumir o problema de sua filha e falar por ela. Se ela acha que o professor de Francês lhe deu uma nota injusta, pergunte se ela se considera capaz de resolver o problema sozinha. Estimule-a a fazer isso. Não como quem abandona, mas como uma mãe amorosa que confia na capacidade de sua filha. Verifique se ela precisa de ajuda e pense com ela em várias alternativas. Sua filha precisa saber que você estará sempre a seu lado, mas terá de deixar que ela lute por suas conquistas.

Pense duas vezes antes de chamá-la de "boazinha"

É difícil não chamar sua filha de boazinha, especialmente quando ela acaba de dar umas cambalhotas – reais ou figuradas – para alegrar a mamãe. Tome cuidado para não reforçar o comportamento que tantas vezes a prejudicou. É uma graça ver sua menininha guardando todos os brinquedos no armário ou ajudando o primo. Mas lembre-se de que um entusiasmado "Que boazinha!" pode incentivá-la a sacrificar seu prazer para ganhar elogios.

Não estamos tentando eliminar as qualidades que tornam as boazinhas tão boazinhas – aprender a dividir e a ajudar é necessário para o desenvolvimento moral de toda criança, menina ou menino. Apenas preste atenção para também elogiá-la quando ela se mantém firme e se defende, mesmo que isso cause grande tumulto entre os irmãos. É maravilhoso estar criando uma boazinha, mas faça tudo para que ela saiba que será uma grande mulher.

"SE FIZER ISSO DE NOVO, EU MATO VOCÊ!" NEGOCIAÇÃO COM OS FILHOS

Há alguns anos, Beth esteve envolvida numa negociação de alto risco, demorada e complicada, com uma adversária incrivelmente difícil. A adversária era inflexível, concentrada, persistente, persuasiva – e não queria usar o penico de jeito nenhum.

No início, Beth ignorou a questão, pois não queria transformar a discussão numa batalha com sua teimosa filha caçula, Claire. "Ela usará o penico quando estiver pronta", pensou Beth, confiante.

O terceiro aniversário de Claire se aproximava, e Beth estava desnorteada. Aí, enquanto planejava as férias da família, ela teve uma idéia: "Claire, o que você acha de ir à Disneylândia e ver o Mickey?" Os olhos da menina brilharam: "Oba! Vamos!" Foi a chance de Beth: "Acho que eles não deixam bebês de fralda entrar na Disneylândia! Só poderemos ir quando você começar a usar o penico direitinho, como uma menina crescida."

Foi um dilema. Como qualquer negociadora experiente, Claire fez uma pesquisa básica. Perguntou às amiguinhas se a Disneylândia era mesmo *muito* divertida e passou horas a fio vendo e revendo a fita das férias na Disney que Beth deixara no vídeo. Depois de muito pensar, Claire concordou em experimentar umas calcinhas de menina grande (com a Minnie estampada, é claro). Depois de poucas semanas, tinha deixado as fraldas – e sua mãe, uma negociadora confiável, marcou as passagens da família para Orlando.

Ganha-e-ganha para os baixinhos

Trocar fraldas pela Disneylândia pode parecer um tanto exagerado, mas foi um caso clássico de negociação ganha-e-ganha. Se todas as interações pais-filhos fossem tão simples... Infelizmente, é difícil para as crianças se darem conta de que certas decisões de seus pais que parecem más e inflexíveis ("Não, você não pode deixar de ir ao enterro de seu tio para ir ao concerto de rock!") vão ajudá-las a se tornarem adultos bons, sensatos e cheios de consideração com os outros.

É duro para qualquer mãe ou pai permanecer firme diante da decepção ou tristeza de um filho. Ansiosas por sermos amadas, nós, mães boazinhas, tendemos a nos dobrar ao menor indício de conflito. Portanto, você sabe como é difícil colocar um limite quando nos encontramos diante daquela turminha que mais adoramos.

Na realidade, uma boa mãe precisa ser uma grande negociadora para solucionar as dúzias de pequenos conflitos domésticos que surgem a cada dia. Se você aprender a usar sua habilidade na negociação em casa, atenuará muitas das tensões que surgem mesmo nas famílias mais felizes.

Algumas mulheres talvez pensem que forçar os filhos a negociar o que desejam seja uma carga excessiva para eles. Não se preocupe: as crianças já nascem com um enorme estoque de instrumentos de negociação. Você estará prestando um imenso favor ajudando-os a aperfeiçoar esses dons naturais, para que se tornem capazes de negociar com eficácia por si mesmos quando tiverem de enfrentar o mundo.

Se você pensar na educação dos filhos como um exercício de vinte anos de negociação, é provável que ache bem mais fácil manter suas emoções sob controle da próxima vez que tiver uma queda-de-braço com o caçula. Você não ficaria em estado de choque se uma das funcionárias de sua empresa entrasse na sua sala para anunciar que terá de sair mais cedo todas as quintas-feiras nos próximos seis meses – não, você tentaria encontrar uma solução ganha-e-ganha para o problema dela.

É a mesma negociação que terá de fazer quando o seu sensacional atacante de nove anos entrar na cozinha para anunciar que vai sair do time de futebol. O seu primeiro impulso será ficar vermelha e gritar: "Nenhum filho meu abandona o time!" Se você perceber que o anúncio dele é o início de uma negociação, conseguirá manter a calma, usar seu talento para escutar e sua empatia para encontrar uma solução que funcione para você e para seu filho.

O escritório em casa

Você terá mais sucesso na negociação com seus filhos se agir como se estivesse fechando um acordo de trabalho. A pesquisadora Lois W. Hoffman descobriu que as mães que trabalham fora parecem negociar mais facilmente com as crianças, talvez porque tenham adquirido experiência com as negociações no trabalho.

Comece por estabelecer algumas regras básicas. Você não permitiria que seu funcionário a seguisse até o banheiro para falar sobre o próximo aumento. Portanto, não deixe as crianças tentarem negociar o aumento da mesada quando você estiver debaixo do chuveiro.

Em vez disso, arrume a mesa exatamente como faria numa sessão mais formal. Avise que qualquer golpe resultará num automático *não*. Se eles quiserem conversar, terão de marcar uma hora que seja conveniente para as duas partes.

Pode parecer exageradamente formal, mas significa apenas que eles terão de esperar que você termine de se enxugar e se vestir. Não se deixe engabelar e cair na discussão de algum assunto importante quando eles estão cheios de energia e você, cansada e distraída.

Da mesma forma, não aceite negociar com uma criança enfurecida ou malcriada. Você não permitiria que um colega de trabalho gritasse com você, por isso não recompense esse tipo de comportamento. Quando seu filho começar a choramingar e gritar, mostre que seus ouvidos simplesmente não conseguem escutar esse tipo de som, vire as costas e saia da sala. Se achar que está perdendo a calma, peça um tempo. Vá para o banheiro, lave o rosto com água fria ou dê uma caminhada. Não se desgaste fazendo um acordo que não conseguirá suportar por muito tempo.

Depois de concordar com a hora e o lugar, abra os ouvidos e feche a boca. Para muitas mães, não é fácil. Um pedido para dormir mais tarde ou para comer mais um biscoito poderá despertar uma velha história da sua infância. Subitamente, você passa a escutar o sermão de sua mãe sobre o-que-acontece-quando-se-come-biscoito-demais saindo de sua própria boca. Para falar a verdade, talvez até seja um sermão muito bom, mas antes pergunte a seu filho por que ele quer o biscoito. Talvez ele tenha dado o biscoito dele para a irmãzinha parar de chorar, porque o cachorro comeu o dela. "Deixar a criança dar sua versão da história é muito importante", diz Lois Hoffman. "Isso será muito proveitoso para ela aprender a se comunicar."

Você não gostaria de trabalhar para um chefe que gritasse "Diabos, NÃO...!" antes de você terminar de falar. Estrategicamente, é péssima idéia dizer automaticamente um *não* antes de saber a história toda – se depois você tiver de voltar atrás, seus filhos receberão a mensagem: um *não* da mamãe significa *talvez*.

AMOR INTELIGENTE

Depois de conhecer claramente a situação, sua empatia entrará para encontrar algumas opções do tipo ganha-e-ganha.

Tome o exemplo do pequeno atacante que quer sair do time na véspera do campeonato. Meia hora de conversa poderá extrair algumas das razões que provocaram essa decisão. Pode ser que os meninos maiores fiquem contando piadas na hora do recreio e o seu pequeno atleta pode estar se sentindo por fora. As crianças, em geral, são muito claras a respeito do que desejam, mas não têm a compreensão de um adulto para entender o que as está perturbando. Você é a mãe e pode descobrir uma solução que seu filho nunca havia imaginado.

Procure ter no bolso algumas respostas prontas antes de as perguntas difíceis aparecerem. Caí numa dessas há poucos meses, quando meu filho de doze anos começou uma conversa com palavras assustadoras: "Mãe, se eu te contar uma coisa, promete que não vai fazer nada?" Louca para ouvir a confidência do meu filho, prometi. Depois que ele me contou os detalhes de uma situação que envolvia um colega da escola, percebi que os pais do menino teriam de saber a história. Amarrada pela minha impensada promessa de manter segredo, tive um trabalhão para convencer Ben a me liberar do voto de silêncio. Agora, quando escuto aquele "Mãe, se eu te contar uma coisa...", já tenho uma resposta no bolso: "Eu adoro ouvir você falar da sua vida, e em geral mantenho tudo o que você me diz em segredo. Mas, se eu achar que outro adulto precisa saber, terei de contar. Prometo que digo para você, se tiver de fazer isto." Se ele não quiser me contar o segredo sob essas condições, digo que sempre estarei pronta para ouvir, se ele mudar de idéia.

As crianças se superam no uso do golpe dividir-para-conquistar: quando a mamãe diz *não*, elas pedem ao papai uma segunda opinião. O doutor Barry Ginsberg, diretor do Centro de Melhoria nos Relacionamentos, recomenda que pai e mãe estejam juntos na tomada de decisões.

Outros pais também podem ser seus aliados. A melhor maneira de resolver a queixa de que "Todo mundo vai ver tal filme, menos eu" é pegar o telefone e verificar. Há uma certa força nos números, e outros pais podem sentir-se aliviados ao saber que não são os únicos acusados de puritanismo das redondezas.

Prepare-se para algumas reações tempestuosas quando não conseguir chegar a um acordo. "Mantenha-se firme no que é importante para você", diz Ginsberg. "Se não gostarem, você terá de lidar com isso."

Não tenha medo de ceder de vez em quando. Evidentemente, algumas coisas – como usar cinto de segurança ou fazer o dever de casa – não podem ser negociadas. Minha amiga Doreen, mãe de duas jovens adolescentes, diz que de vez em quando choca as meninas permitindo que faltem um dia à escola ou assistam a um concerto de rock. Veja o raciocínio dela: "Se minhas filhas tiverem certeza de que a resposta sempre será *não*, param de pedir. Desta maneira, elas sempre pedem permissão, porque sabem que há uma pequena chance de que eu diga *sim*."

Nem sempre será possível encontrar uma solução ganha-e-ganha. Não faz mal. Além disso, você também pode errar de vez em quando. Ser mãe ou pai é incrivelmente difícil, e o importante é fazer o máximo dentro das suas possibilidades. Portanto, escute seu coração e sua consciência, faça as escolhas que pareçam corretas e, quando achar que errou, admita. Tenho grande respeito pelas pessoas que assumem a responsabilidade por seus erros, são suficientemente abertas para pedir desculpas e procurar a maneira de consertá-los. Em geral, as crianças também se impressionam quando os pais têm coragem para reconhecer seus erros.

ENSAIO PARA AS DURONAS

Uma coisa é abanar a cabeça e suspirar quando sua filha de treze anos não consegue pedir a remuneração justa para cortar a grama dos vizinhos. Mas quando ela não tem capacidade para fugir de uma situação potencialmente arriscada, aí são "outros quinhentos".

Sua filha precisa aprender a escapar rápida e delicadamente quando deparar com um motorista bêbado ou um papelote de cocaína. É muito comum as meninas serem pressionadas a fazer escolhas que vão contra sua educação e seu bom senso por não saberem dizer um *não*.

Por isso, comece a treiná-la bem cedo. Experimente ver um filme ou um programa de televisão com as crianças e discuta as escolhas feitas pelos personagens. Há pouco tempo, uma amiga minha e sua filha adolescente estavam vendo *Sociedade dos Poetas Mortos*, filme em que um adolescente se suicida porque o pai o pressiona a estudar Medicina. A mãe perguntou à filha se ela poderia pensar em outras maneiras de resolver o problema de um pai ou mãe exageradamente insistentes. "Claro, mãe!", disse a filha, com um sorriso enorme. "Eu simplesmente não passaria nos exames."

Apresente algumas situações do tipo "o que" e "se" e discuta as possíveis alternativas. Minha amiga Júlia andou ajudando sua filha de quinze anos a lidar com a amiga Suzy, que perdeu seriamente a cabeça com os meninos. Lizzie, a filha de Júlia, sentia-se muito mal com o novo jeito sexy de sua amiga. Para evitar que Lizzie se sentisse insegura diante de certos impasses, Júlia apresentou algumas situações: "O que você faria se a Suzy se encontrasse com alguns garotos e quisesse que você entrasse junto no carro deles?", ela perguntou um dia. Lizzie primeiro disse que iria com ela para não deixar Suzy sozinha e vulnerável. Depois de discutir calmamente a questão por algum tempo, Júlia a convenceu de que seria melhor deixar a amiga ir sozinha. Era muito provável que Suzy não cometesse essa loucura se soubesse que não teria companhia. E, se fosse, Lizzie ficaria sabendo o que tinha acontecido com ela e poderia avisar alguém.

Converse sobre suas próprias experiências. Lembre-se de que sua filha não a conhecia quando você era uma adolescente tímida. Desenterre do fundo da memória alguns daqueles dolorosos desastres da sua adolescência. Sua filha precisa saber que você já tomou algumas decisões das quais se arrepende e que continuará gostando dela, mesmo que ela faça uma escolha equivocada. Faça-a sentir que tem em você uma aliada, não uma juíza implacável.

Mas não conte apenas histórias. Crie junto com ela planos que a ajudem a sair de situações difíceis. Invente códigos para ela lhe pedir ajuda sem que os outros percebam. Verifique se ela tem o número do seu celular ou o de algum parente ou vizinho a quem possa recorrer numa emergência.

Ensaie com sua filha algumas soluções rápidas. Fazer um teatrinho pode ser até divertido. Uma das amigas de colégio de Beth conseguia evitar drogas e álcool e ainda deixava seus amigos às gargalhadas. Sempre que lhe ofereciam uma lata de cerveja ou um baseado, ela dizia: "Tenho de perguntar à mamãe." Aí, saía da sala por um minuto e voltava com uma expressão chateada: "Desculpe, a mamãe não deixou."

Se você conseguir inventar boas desculpas e ensaiá-las com sua filha, ela estará pronta para usá-las no dia em que realmente precisar.

Bibliografia

10

ACUFF, Frank L. *Como negociar qualquer coisa com qualquer pessoa em qualquer lugar do mundo.* São Paulo: Editora Senac, 1998.

AINSWORTH-VAUGHN, Nancy. *Claiming Power in Doctor-Patient Talk.* Oxford, Inglaterra: Oxford University Press, 1998.

BARBARA, Dominick A. *The Art of Listening.* Springfield, Illinois: C. C. Thomas Publishers, 1958.

BAZERMAN, Max H., e Margaret A. Neale. *Negociando racionalmente,* 2. ed. São Paulo: Atlas, 1998.

BUTLER, Carol A., e Dolores D. Walker. *The Divorce Mediation Answer Book.* Nova York: Kodansha International, 1999.

CHAPMAN, Jack. *Negotiating Your Salary: How to Make $1,000 a Minute.* Berkeley, Califórnia: Ten Speed Press, 1996.

COHEN, Herb. *Você pode negociar qualquer coisa,* 14. ed. Rio de Janeiro: Record, 2000.

CRAWFORD, Susan Hoy. *Beyond Dolls & Guns: 101 Ways to Help Children Avoid Gender Bias.* Portsmouth, New Hampshire: Heinemann, 1995.

CROSS, Carla. *Buyer Beware: Insider Secrets You Need to Know Before Buying Your Home.* Chicago, Illinois: Dearborn Financial Publishing, 1998.

ENGEL, Peter. *Negotiating.* Nova York: McGraw-Hill, 1996.

FEZLER, William, e Eleanor S. Field. *A síndrome da boa moça.* São Paulo: Melhoramentos, 1989.

FISHER, Roger, e Scott Brown. *Como chegar a um acordo.* Rio de Janeiro: Imago, 1990.

FISHER, Roger, William Ury e Bruce Patton. *Como chegar ao sim: Negociação de acordos sem concessões,* 2. ed. Rio de Janeiro: Imago, 1994.

GLINK, Ilyce R. *100 Questions Every First-Time Home Buyer Should Ask.* Nova York: Random House, 2000.

GODFREY, Joline. *No More Frogs to Kiss: 99 Ways to Give Economic Power to Girls.* Nova York: HarperBusiness, 1995.

GOLDSMITH, Joan, e Kenneth Cloke. *Resolving Conflicts at Work: A Complete Guide for Everyone on the Job.* San Francisco: Jossey-Bass, 2000.

GOLEMAN, Daniel. *Inteligência Emocional.* Rio de Janeiro: Objetiva, 1995.

__________________. *Trabalhando com a Inteligência Emocional.* Rio de Janeiro: Objetiva, 1999.

HOFFMAN, Lois W., e Lise M. Youngblade. *Mothers at Work: Effects on Children's Well-Being.* Cambridge: Cambridge University Press.

IRWIN, Robert. *Tips & Traps When Negotiating Real Estate.* Nova York: McGraw-Hill, 1995.

KOLD, Deborah M., e Judith Williams. *The Shadow Negotiation: How Women Can Master the Hidden Agendas That Determine Bargaining Success.* Nova York: Simon & Schuster, 2000.

KOZICKI, Stephen. *Negociação criativa.* São Paulo: Futura, 1999.

KOREN, Leonard, e Peter Goodman. *The Haggler's Handbook: One Hour to Negotiating Power.* Nova York: W. W. Norton, 1991.

LEWICKI, Roy J., David M. Saunders e John W. Minton, eds. *Negotiation: Readings, Exercises, and Cases,* 3. ed. Nova York: Irwin/ McGraw-Hill, 1999.

LEWICKI, Roy J., e Joseph Litterer. *Negotiation.* Homewood, Illinois: Richard D. Irwin, 1985.

LYONS, Charlotte. *Mothers and Daughters at Home: 35 Projects to Make Together.* Nova York: Simon & Schuster, 2000.

MACCOBY, Eleanor Emmons, e Carol Nagy Jacklin. *The Psychology of Sex Differences.* Stanford, Califórnia: Stanford University Press, 1974.

McCORMACK, Mark H. *A arte de negociar,* 2. ed. São Paulo: Best Seller, 1997.

MACKAY, Harvey. *Como nadar com os tubarões sem ser comido vivo.* São Paulo: Best Seller, 1989.

MARGULIES, Sam. *Getting Divorced Without Ruining Your Life.* Nova York: Simon & Schuster, 1992.

MARTIN, Judith. *Miss Manners' Guide to Excruciatingly Correct Behavior.* Nova York: Atheneum, 1982.

MENDELSON, Cheryl. *Home Comforts: The Art and Science of Keeping House.* Nova York: Scribner, 1999.

NIERENBERG, Gerard I. *The Art of Negotiating.* Nova York: Pocket Books, 1981.

NIERENBERG, Juliet, e Irene S. Ross. *Women and the Art of Negotiating.* Nova York: Barnes and Noble Books, 1997.

OBST, Lynda. *Hello, He Lied, and Other Truths from the Hollywood Trenches.* Boston: Little, Brown, 1996.

ONATIS, Susan. *Negotiate Like the Big Guys: How Small and Midsize Companies Can Balance the Power in Dealing with Corporate Giants.* Los Angeles: Silver Lake, 1999.

PINKLEY, Robin, e Gregory Northcraft. *Get Paid What You're Worth.* Nova York. Nova York: St. Martin's Press, 2000.

PIPHER, Mary. *O resgate de Ofélia.* São Paulo: Martins Fontes, 1998.

POST, Emily. *Etiquette.* Nova York: Funk & Wagnalls, 1992.

RICKARD, Jacqueline. *Complete Premarital Contracting: Loving Communication for Today's Couples.* Nova York: M. Evans and Co., 1993.

RIMM, Sylvia B. *See Jane Win: The Rimm Report on How 1,000 Girls Became Successful Women.* Nova York: Crown Publishers, 1999.

RUSHKOFF, Douglas. *Coercion: Why We Listen to What "They" Say.* Nova York: Riverhead Books, 1999.

SCHAFFZIN, Nicholas Reid. *Negotiate Smart.* Nova York: Random House, 1997.

SHAPIRO, Ronald M., e Mark A. Jankowski com James Dale. *The Power of Nice: How to Negotiate So Everyone Wins – Especially You!.* Nova York: John Wiley & Sons, 1998.

SHISTER, Neil. *10-Minute Guide to Negotiating.* Nova York: Alpha Books, 1997.

SNYDER, Jean MacLean, e Andra Barmash Greene, eds. *The Woman Advocate.* Chicago: Section of Litigation, American Bar Association, 1996.

THOMPSON, Leigh. *The Mind and Heart of the Negotiator.* Upper Saddle River, Nova Jersey: Prentice-Hall, 1998.

URY, William. *Supere o não: Negociando com pessoas difíceis.* São Paulo: Best Seller, 2000.

WALSH, Mary Roth, ed. *Women, Men, and Gender: Ongoing Debates.* New Haven, Connecticut: Yale University Press, 1997.

WEBB, Martha. *Dress Your House for Success: 5 Fast, Easy Steps to Selling Your House, apartment, or Condo for the Highest Possible Price!.* Nova York: Crown Publishers, 1997.

WEINTRAUB, Pamela, Terry Hilliman e Elayne J. Kesselman, Esq. *The Complete Idiot's Guide to Surviving Divorce,* 2. ed. Indianápolis, Indiana: Alpha Books, 1999.

WHITFIELD, Eileen. Pickford: *The Woman Who Made Hollywood.* Lexington, Kentucky: University Press of Kentucky, 1997.

WHITTELSEY, Frances Cerra, e Marcia Carroll. *Women Pay More (And How to Put a Stop to It).* Nova York: New Press, 1995.

Outros títulos da Editora Sextante:

De Terry Burnham e Jay Phelan

A Culpa é da Genética

A Culpa é da Genética é o primeiro livro a mostrar de forma acessível e bem-humorada a decisiva influência dos genes em nosso comportamento.

Com capítulos sobre dívidas, gordura, drogas, risco, ganância, gênero, beleza, infidelidade, família, amigos e inimigos, os autores demonstram que os mesmos genes que ajudaram nossos antigos ancestrais a sobreviver nos levam a ter comportamentos inadequados no mundo moderno.

De Bradley Trevor Greive

O Sentido da Vida

Qual é o sentido da vida? Ao longo da História, grandes filósofos e pensadores quebraram a cabeça à procura de uma resposta. Agora, combinando mais uma vez divertidas fotos de animais com um texto afiado, Bradley Trevor Greive dá sua contribuição inteligente e bem-humorada a um dos maiores debates da humanidade.

Com tradução de Luis Fernando Verissimo, *O Sentido da Vida* é um excelente presente. Afinal, todos nós gostaríamos de decifrar a verdadeira razão de nossa existência, mas, enquanto não conseguimos, o melhor é dar boas risadas e aproveitar a vida. Mesmo que ela não tenha nenhum sentido.

De David Niven

Os 100 Segredos das Pessoas Felizes

Descobertas simples e úteis dos estudos científicos sobre a felicidade

Não existe a menor dúvida: ser feliz é o desejo de todo ser humano. Mas o que é ser feliz e como fazer para atingir a felicidade com que todos sonhamos?

Baseado nas pesquisas e estudos de cientistas junto a milhares de pessoas, o psicólogo e cientista social Dr. David Niven organizou a lista dos cem segredos mais simples que são realmente capazes de tornar as pessoas felizes.

É um livro para ser lido devagar, degustando cada tópico, deixando que ele penetre em nossa consciência, nos questionando e transformando. Assim, você irá compreender as diferenças entre as pessoas felizes e as pessoas infelizes e saber o que pode fazer para aproveitar melhor a vida.

De Jack Canfield, Mark Victor Hansen e Heather McNamara

HISTÓRIAS PARA AQUECER O CORAÇÃO

50 histórias de vida, amor e sabedoria

"Deus criou o homem porque adora histórias."

Elie Wiesel

Um dos maiores fenômenos editoriais dos últimos tempos, com mais de 60 milhões de livros vendidos no mundo inteiro, *Histórias para Aquecer o Coração* é o primeiro título da premiada coleção que tem inspirado leitores de todas as idades.

Cada uma das histórias deste livro contém algum significado especial. Elas nos falam do extraordinário poder de superação que tem a vida, da força com que ela nos impele para enfrentar desafios e ultrapassar dificuldades.

"Uma história é capaz de iluminar nossa relação com os outros, de fortalecer nossa compaixão, de transformar o olhar com que contemplamos os nossos semelhantes, confirmando a crença de que 'estamos todos juntos na tarefa de viver'."

Ruth Stotter

De Lawrence Katz e Manning Rubin

MANTENHA O SEU CÉREBRO VIVO

Você tem mais de 30 anos? Anda esquecido? Tem dificuldade para aprender coisas novas? Queremos então apresentar-lhe a Neuróbica, um extraordinário programa de exercícios para o cérebro, baseado nas últimas pesquisas da neurociência. Não se trata de acrescentar novas atividades à sua rotina, mas de mudar a maneira de fazer as coisas.

Esses exercícios ajudam a estimular a produção de nutrientes que desenvolvem as células do cérebro, tornando-o mais jovem e forte, e podem ser realizados em qualquer lugar, a qualquer hora.

Diferente dos exercícios de memória, quebra-cabeças e palavras cruzadas, a Neuróbica usa os cinco sentidos de maneira inesperada e propõe exercícios divertidos que podem ser realizados a caminho do trabalho, no jantar com a família e assim por diante. O resultado será uma mente capacitada a enfrentar qualquer desafio, seja lembrar um nome, aprender um novo programa de computador ou permanecer criativo no trabalho e em todos os setores de sua vida.

De Leonardo Boff e Rose Marie Muraro

FEMININO E MASCULINO

Neste livro, Leonardo Boff e Rose Marie Muraro fazem uma análise profunda da sexualidade e mostram como os conflitos entre os gêneros podem levar à destruição da humanidade. É preciso estabelecer um convívio pessoal mais harmônico entre homens e mulheres, sem competição nem violência, e criar uma nova consciência, mais solidária.

Leonardo e Rose chegam às mesmas conclusões por caminhos totalmente diferentes. Leonardo faz um apanhado da sexualidade desde os primeiros seres vivos até hoje, analisa a evolução do homem e aborda os aspectos biológicos, históricos, sociais e teológicos da construção do feminino e do masculino. Rose se detém sobre os processos simbólicos e faz articulações entre a sexualidade, a família e o sistema econômico. Seu trabalho é complementado por uma pesquisa com 1.259 brasileiros e brasileiras de diversas classes sociais.

De David Kundtz

A ESSENCIAL ARTE DE PARAR

"Este livro é um instrumento elegante e poderoso para encontrar serenidade e placidez em nossas vidas atarefadas."

Richard Carlson, autor de
Não Faça Tempestade em Copo d'Água

Você se sente atordoado pelo ritmo acelerado da sua vida? Deseja dar mais atenção a valores fundamentais?

Se é isto o que quer, este livro vai lhe ensinar três formas de parar e como cada uma delas é adequada a um momento diferente da vida. Usando esse método, você ficará mais atento e será capaz de escolher o que é melhor para a sua vida.

De Sharon Lebell

A ARTE DE VIVER

Como viver uma vida plena, significativa e feliz? Como ser ao mesmo tempo uma pessoa digna e eficiente?

As respostas a estas perguntas foram dadas com apaixonada simplicidade por Epicteto, filósofo romano nascido por volta do ano 55 d.C.

Os noventa e três pensamentos preciosos reunidos em *A Arte de Viver* servem como um guia para se alcançar a liberdade e a tranqüilidade interior. A essência da filosofia de Epicteto é demonstrar que virtude e felicidade são estados estreitamente relacionados.

Conheça também os seguintes títulos da Editora Sextante:

Bradley Trevor Greive
– Um Dia "Daqueles" – Uma lição de vida para levantar o seu astral
– Querida Mamãe – Obrigado por tudo

Darrin Zeer
– Ioga no Trabalho

Augusto Cury
– Você é Insubstituível

Sarah Ban Breathnach
– Algo Mais

Tony Parsons
– Pai e Filho

Rachel Naomi Remen
– As Bênçãos do Meu Avô

David Colbert
– O Mundo Mágico de Harry Potter

Anita Diamant
– A Tenda Vermelha

Philip Toshio Sudo
– Sexo Zen

Gavin De Becker
– Como Proteger Seus Filhos

Tom Shroder
– Almas Antigas

Sylvia Browne
– O Outro Lado da Vida
– A Vida no Outro Lado

Allan e Barbara Pease
– Por que os Homens Fazem Sexo e as Mulheres Fazem Amor

Richard Carlson e Benjamin Shield
– Os Caminhos do Coração
– Ao Encontro de Deus

Yitta Halberstam e Judith Leventhal
– Pequenos Milagres

Domenico De Masi
– O Ócio Criativo
– A Economia do Ócio

Leonardo Boff
– A Oração de São Francisco
– Tempo de Transcendência (acompanha CD com palestra do autor)
– Espiritualidade (acompanha CD com palestra do autor)
– Fundamentalismo (acompanha CD com palestra do autor)

Iyanla Vanzant
– Enquanto o Amor Não Vem
– Um Dia Minha Alma se Abriu por Inteiro
– Ontem, Eu Chorei

James Van Praagh
– Em Busca da Espiritualidade
– Em Busca do Perdão (acompanha CD com exercícios de meditação)
– Conversando com os Espíritos

Louise Hay
– Meditações para a Manhã e para a Noite (acompanha CD com exercícios de meditação)
– Cultivando a Saúde do Corpo e da Mente (acompanha CD com exercícios de meditação)
– Aprendendo a Gostar de Si Mesmo (acompanha CD com exercícios de meditação)

Salle Redfield
– Descobrindo a Alegria de Viver (acompanha CD com exercícios de meditação)
– Meditações Celestinas (acompanha CD com exercícios de meditação)

Mitch Albom
– A Última Grande Lição

Richard Bolles
– Como Conseguir um Emprego e Descobrir a Sua Profissão Ideal

Oriah Mountain Dreamer
– O Convite

Sua Santidade, o Dalai-Lama
– Uma Ética para o Novo Milênio
– O Caminho da Tranqüilidade
– Minha Terra e Meu Povo
– Palavras de Sabedoria
– O Livro de Dias – Mensagens de sabedoria e compaixão

Neale Donald Walsch
– Uma Amizade com Deus
– Comunhão com Deus
– Aprendendo a Gostar de Si Mesmo

Informações sobre os próximos lançamentos

Para receber informações sobre os próximos lançamentos da Editora Sextante, queira entrar em contato com nossa Central de Atendimento, dando seu nome, endereço e telefone para:

Editora Sextante
Av. Nilo Peçanha, 155 – Gr. 301 – Centro
20020-100 – Rio de Janeiro – RJ
Tel.: (21) 2524-6760 – Fax: (21) 2524-6755
DDG: 0800-22-6306 (ligação gratuita)
E-mail: atendimento@esextante.com.br

Para saber mais sobre nossos títulos e autores, e enviar seus comentários sobre este livro, visite o nosso site:

www.esextante.com.br

SUGESTÕES DE LEITURA DA EDITORA SEXTANTE

SEXTANTE

Um Dia "Daqueles",
de Bradley Trevor Greive

Um Dia "Daqueles" é um inspirador e bem-humorado livro-presente que tem encantado milhões de leitores no mundo inteiro com suas incríveis e expressivas fotos de animais ensinando-nos a superar os dias em que nos sentimos desanimados, pequenos e de mal com a vida.

É impossível não rir e se encantar com a inteligente combinação de texto e imagens, fazendo-nos reconhecer no variado mundo animal sentimentos e estados de espírito tão humanos.

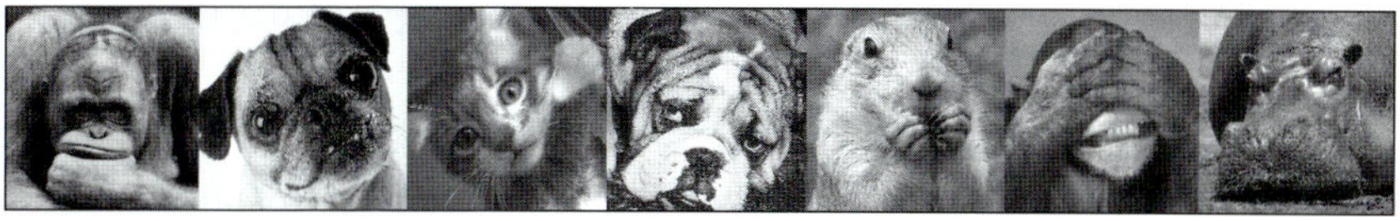

Querida Mamãe,
de Bradley Trevor Greive

Nem sempre é fácil achar as palavras certas para dizer o quanto gostamos de nossas mães. Como agradecer por toda dedicação, amor e cuidado que recebemos?

Este livro vai ajudar os filhos de todas as idades (especialmente os que se dizem crescidos) a expressar esses sentimentos tão fundamentais com uma divertida combinação de palavras e extraordinárias fotografias de animais.

No mesmo espírito de *Um Dia "Daqueles"*, o novo livro de Bradley Trevor Greive é um encantador livro-presente para mães e filhos de todas as idades.

Histórias para Aquecer o Coração

Coleção

Deus criou o homem porque adora histórias.

Elie Wiesel

Um dos maiores fenômenos editoriais dos últimos tempos, com mais de 70 milhões de livros vendidos no mundo inteiro, *Histórias para Aquecer o Coração* é uma premiada coleção que tem inspirado leitores de todas as idades.

No Brasil, a Editora Sextante já lançou *Histórias para Aquecer o Coração, Histórias para Aquecer o Coração 2, Histórias para Aquecer o Coração das Mães* e agora *Histórias para Aquecer o Coração dos Adolescentes.*

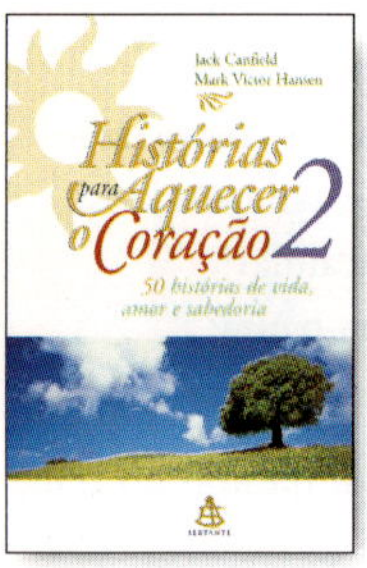

Cada uma das histórias deste livro contém algum significado especial. Por isso vale a pena saboreá-la com calma, deixando que esse significado aflore. Elas nos falam do extraordinário poder de superação que tem a vida, da força com que ela nos impele para enfrentar desafios e ultrapassar dificuldades. Acreditamos que elas servirão de apoio em tempos de crise e frustração e de conforto nos momentos de dúvida, dor e perda.

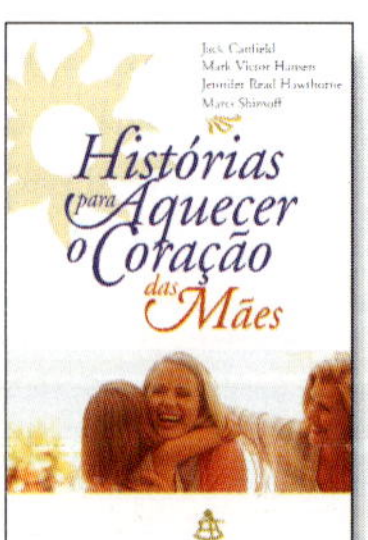

Como explicar o sucesso estrondoso destes livros? "Nossas histórias são tão pequenas, tão digeríveis, que não intimidam as pessoas", dizem os autores. Cada volume é recheado de histórias breves e inspiradoras que tratam de temas universais. Elas alegram, comovem, reacendem a esperança e estimulam o desejo de empenhar-se para viver plenamente. Elas se tornarão sobretudo companheiras fiéis e sábias, capazes de ajudá-lo a entender seus sentimentos e a realizar mais livremente suas escolhas.

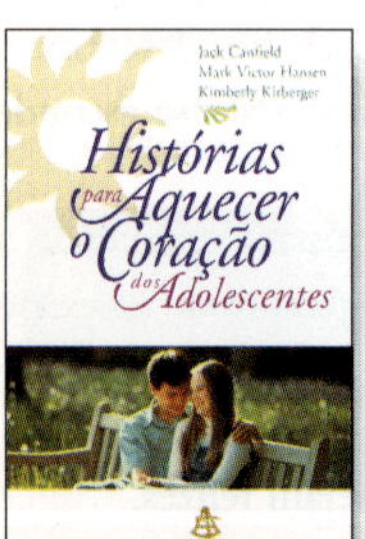

Na verdade, a força de *Histórias para Aquecer o Coração* está contida em cada pessoa que compartilha, em algumas linhas, a sua experiência (difícil ou não) e consegue, através dela, promover mudanças na vida dos que as leram, reafirmando a nossa convicção no poder de transformação que as histórias possuem.

Apoio:

ripasa